국립국어원 민족생활어 자료 총서 10
심마니 · 한지장 · 광부
강원도, 경기도 일부 지역의 민족생활어

국립국어원 민족생활어 조사

  기   획 : 김덕호(담당 연구원)
 조사위원 : 김순자(제주대)   안귀남(안동대)
       김란기(홍익대)   김지숙(영남대)
       홍기옥(경북대)   조숙정(서울대)
       정성미(강원대)   정진영(부산대)
       김민영(한남대)   위 진(전남대)

국립국어원 민족생활어 자료 총서 10
심마니 · 한지장 · 광부──강원도, 경기도 일부 지역의 민족생활어

초판 인쇄 2009년 3월 20일
초판 발행 2009년 3월 30일

지 은 이 정성미
엮 은 이 국립국어원
펴 낸 이 최종숙
펴 낸 곳 글누림출판사 / 서울 서초구 반포4동 577-25 문창빌딩 2층
전   화 02-3409-2055 FAX 02-3409-2059
이 메 일 nurim3888@hanmail.net
등   록 2005년 10월 5일 제303-2005-000038호

ⓒ 국립국어원 2009

정   가 14,000원

ISBN 978-89-6327-004-3 (세트)
ISBN 978-89-6327-014-2 04710

국립국어원 민족생활어 자료 총서 10
심마니·한지장·광부
강원도, 경기도 일부 지역의 민족생활어

정성미

글누림

책머리에

　국립국어원은 국어를 표준화하고, 국민의 풍요로운 언어생활을 돕기 위해 1991년에 설립되었다. 설립된 다음 해부터 1999년까지 8년간의 표준국어대사전 편찬 사업과 더불어 방언 조사 사업, 음성 자료 디지털화 사업, 기본 어휘 사용 실태 조사 사업 등과 같은 국가적 조사 연구 사업들을 수행해 왔다. 민족생활어 조사 사업도 이와 같은 국가적 조사 연구 사업의 일환으로 2007년에 시작되었다.
　민족생활어 조사 사업은 국어 기본법 제2조(기본 이념)와 제9조(실태조사 등)에 근거하고 있다. 또한 다양한 입장에 대해 열린 자세를 갖게 하고, 차이를 인정하는 열린 마음으로 사회 통합을 이끌어내고자 하는 사회적 분위기와 이를 통해 사회적 관용(la tolérance sociale)을 모색하고자 하는 의식을 반영한 사업이다.
　편리함과 윤택함이라는 이름 아래 진행되어 온 고속 성장의 이면에 우리의 언어와 문화, 생태계는 그 다양성이 훼손될 우려가 점차 커지고 있다. 그러므로 인류 미래의 운명이 걸린 언어, 문화, 생태계의 다양성을 존

중하고 절멸 위기에 있는 그들의 생명력을 유지하고 복원하기 위해 함께 행동해야 할 것이다.

유네스코에서는 1992년 '생물 다양성 협약'을 체결하고 2001년 세계 문화 다양성 선언을 채택하여 언어와 문화의 다양성을 지키기 위해 노력하고 있다. 왜 생태주의자들은 종의 다양성을 옹호하고 있는가? 그것은 바로 순조로운 진화의 길을 모색하고자 함에 있다. 진화라고 하는 발전과 변화가 종의 다양성을 기반으로 하여 가능하듯이 언어의 진화도 언어의 다양함을 바탕으로 이루어지는 과정이라고 할 수 있다. 언어의 대표 단수만 옹호하는 일은 언어의 다양성 자체를 무너뜨리는 일이고, 이는 곧 진화에 역행하는 일이다.

현재 삶의 편의성을 위해 모든 것을 거시적인 관점에서 표준화하려는 경향이 뚜렷해서 비표준적이고 미시적인 것들은 소멸의 위기에 처하게 되었다. 하지만 이제는 잃어버린 지난날의 다양하고 미시적인 삶의 유산을 복원하기 위한 노력이 시작되고 있다. 이러한 분위기는 중심 언어에서 멀어진 변방의 언어라고 방치했거나 정화의 대상으로까지 여겼던 비표준적인 말을 보존하려는 노력에서도 엿볼 수 있다. 영국이 낳은 뛰어난 언어학자 데이비드 크리스털(David Crystal)은 자신의 저서인 '언어의 죽음(Language Death)'에서 어떤 소수의 언어든, 언어라는 이름을 갖고 있는 존재가 힘센 언어에 의해 사라져 가는 것은 '비극'을 넘어 '재앙'으로 간주하고 있다. 인류의 삶에는 다양성이 필요하고, 다양성을 바탕으로 이루어진 언어는 나름의 정체성을 가져야 자연스럽다. 언어는 역사의 저장고일 뿐만 아니라, 인류의 지식 총량에 기여하고, 그 자체로 흥미의 대상이 되기 때문에 그의 주장은 타당하다. 어떠한 언어든 사라진다는 것은 인류에게는 돌이킬 수 없는 손실을 의미한다. 따라서 아직까지 연구되지 않았거나 충분히 기록되지 않은, 소멸 위기에 처하거나 죽어가는 언어들을 문법 사전 및 구전 자료의 기록을 포함하는 문서 형태로 기록하는 것은 아주 중요한 사명이다.

  크리스털을 비롯하여 뜻있는 언어학자들이 소멸 위기에 놓인 언어를 지켜내려고 안간힘을 쓰고 있는 것처럼, 국립국어원에서도 민족생활어 조사 사업을 통해 사라질 운명에 처해 있는 한민족의 생활어를 수집하고, 더 나아가서 그것을 지켜가는 방안을 모색하기 위해 힘을 모으고 싶다. 이를 통해서 우리 민족의 생활 언어가 한민족의 위대한 '문화유산'으로 다음 세대에게 계승하여 상속할 만한 가치를 지닌 문화적 소산임을 명심하게 하는 계기를 삼고자 한다.

  민족생활어 조사 사업은 2007년부터 시작하여 2016년까지 10년간 수행할 예정이다. 국어 기본법 제2조 기본이념에서 밝히고 있듯이 국어가 민족 제일의 문화유산이며 문화 창조의 원동력임을 깊이 인식하여 이를 조사하고 보존함으로써 민족문화의 정체성을 확립하고 나아가 후손에게 계승할 수 있도록 하여야 하겠다.

2009년 3월

국립국어원 원장

차례

책머리에__5

제1부 사업 개요
제1장 민족생활어란 무엇인가? • 15
제2장 연구 추진과정 • 20
1. 조사 계획 ···20
   1.1 심마니어 ···20
   1.2. 한지용어 ···21
   1.3. 광부용어 ···23
2. 조사 보고 ···24
   2.1. 심마니어 ···24
      2.1.1. 제보자 ···24
         2.1.2. 조사 기간__25   2.1.3. 조사 장소__25   2.1.4. 조사 결과물__25
   2.2. 한지용어 ···26
      2.2.1. 제보자__26   2.2.2. 조사 기간__26   2.2.3. 조사 장소__26
      2.2.4. 조사 결과물__27
   2.3. 광부용어 ···27
      2.3.1. 제보자__27   2.3.2. 조사 기간__28   2.3.3. 조사 장소__28
      2.3.4 조사 결과물__28

제2부 연구 내용
제3장 심마니어 • 31
1. 구술 생애 ···31
   1.1. 엄익철(62)의 구술 생애 ··31
   1.2. 용덕순(59)의 구술 생애 ··36
   1.3. 박만구(50)의 구술 생애 ··45
2. 조사된 어휘 ···52
   2.1. 심메마니 · 심마니 · 마니 · 천사 ··52
      2.1.1. 종류__52   2.1.2. 신체__55

2.2. 산삼 ··56
    2.2.1. 종류__56   2.2.2. 부분__65   2.2.3. 산삼의 상태__71
2.3. 한삼 ··72
    2.3.1. 3일 한삼__72   2.3.2. 7일 한삼__73   2.3.3. 9일 한삼__73
2.4. 도구 ··73
    2.4.1. 채삼 도구__73   2.4.2. 측량 도구__78   2.4.3. 취사 도구__79
2.5. 물품 ··81
    2.5.1.식품__81   2.5.2. 의류__83   2.5.3. 기호품__84
    2.5.4. 땔감__84   2.5.5. 진대 · 들미 · 지대__84
    2.5.6. 밑절미 · 딸거랭이__85
2.6. 신호 ··85
    2.6.1. 심마니 위치신호__86   2.6.2. 산삼자리 신호__86
2.7. 자연 ··87
    2.7.1. 식물__87   2.7.2. 동물__88   2.7.3. 무생물__90
2.8. 장소 ··90
    2.8.1. 모둠__90   2.8.2. 산삼자리__93   2.8.3. 산__94
    2.9. 제례__97   2.9.1. 제사의 종류__97   2.9.2. 신의 종류__98
    2.9.3. 당__99   2.9.4. 제문__100   2.9.5. 예단__102
    2.9.6. 제물__103
2.10. 분배 방식 ··105
    2.10.1. 분배 방식의 종류__105
2.11. 상태 ··106
    2.11.1. 사람의 상태__106   2.11.2. 산삼의 상태__106
2.12. 행동 ··107
    2.12.1. 도살 행동__107   2.12.2. 제례 행동__108   2.12.3. 제작 행동__108
    2.12.4. 채삼 행동__109   2.12.5. 감장__110   2.12.6. 일반 행동__115
2.13. 현상 ··115
    2.13.1. 몽 · 몽사__115   2.13.2. 기후__116   2.13.3. 불__117

제4장 한지용어 • 119
1. 구술 생애 ··119
  1.1 장용훈(73)의 구술 생애 ··119
  1.2 김상렬(76)의 구술 생애 ··123
2. 조사된 어휘 ···126
  2.1. 일꾼 ··126
    2.1.1. 뒷일꾼 · 조역꾼 · 조역 · 봉줏꾼__126
    2.1.2. 장인__127
  2.2. 재료 ··129
    2.2.1. 주재료__129   2.2.2. 보조재__132
  2.3. 도구 ··133
    2.3.1. 닥 다듬는 도구__133   2.3.2. 닥 두들기는 도구__135
    2.3.3. 닥 푸는 도구__137   2.3.4. 종이 뜨는 도구__138
    2.3.5. 물빼기 도구__146
    2.3.6. 건조도구__147
  2.4. 제작 장소 ··149
    2.4.1. 지소 · 한짓집__149   2.4.2. 티깐__149
    2.4.3. 통깐__149   2.4.4. 건조실__149
  2.5. 제작 과정 ··150
    2.5.1. 닥 채취__150   2.5.2. 닥무지__150   2.5.3. 닥 껍질 벗기기__151
    2.5.4. 닥 말리기__151   2.5.5. 닥 불리기__151   2.5.6. 닥껍질 벗기기__152
    2.5.7. 닥삶기__152   2.5.8. 티고르기__152   2.5.9. 닥 두들기기__152
    2.5.10. 원료 풀기__152   2.5.11. 종이 뜨기__153   2.5.12. 종이 붙이기__155
    2.5.13. 물 빼기__155   2.5.14. 종이 일구기__156
    2.5.15. 종이 말리기__156   2.5.16. 도침__156
    2.5.17. 제작행위 관련 용어__156
  2.6. 한지 ··157
    2.6.1. 한지 · 닥__157   2.6.2. 한지의 종류__157 2.6.3. 곤__161

제5장 광부용어 • 162
  1. 구술 생애 ··162
    1.1 한재희(54)의 구술 생애 ···162
    1.2 이기재(44)의 구술 생애 ···168
  2. 조사된 어휘 ···179
    2.1. 광부 ···179
      2.1.1. 종류__179
    2.2. 도구 ···184
      2.2.1. 압력기·압기__184 2.2.2. 동바리__185 2.2.3. 광차__189
      2.2.4. 권양기__191   2.2.5. 장공기__191 2.2.6. 기타__192
    2.3. 탄광 ···193
      2.3.1. 종류__193   2.3.2. 구성__194
    2.4. 채취물 ···196
      2.4.1. 석탄__196   2.4.2. 버력·경석·폐석 198
      2.4.2. 아탄__198   2.4.3. 토탄__199   2.4.4. 세일__199
    2.5. 행위 ···199
      2.5.1. 순수채탄__199 2.5.2. 장공채탄__199 2.5.3. 공무채탄__200
      2.5.4. 납탄__200   2.5.5. 덕대__200   2.5.6. 굴진__200
      2.5.7. 케이빙__200   2.5.8. 탄막이__200   2.5.9. 배밀이__201
      2.5.10. 쉬마름__201 2.5.11. 방우리·방활__201
      2.5.12. 착탄__201   2.5.13. 채준__201   2.5.14. 채탄__202
      2.5.15. 다대포__202 2.5.16. 가라공상__202

제3부 연구 결과
  제6장 마무리 • 205
    1. 심마니어 ···205
    2. 한지용어 ···207
    3. 광부용어 ···208

  참고문헌__210
  찾아보기__212

제 **1**부
사업 개요

제1장 민족생활어란 무엇인가?

제2장 연구 추진과정

제1장 민족생활어란 무엇인가?

　인간은 다양하고 역동적인 생활 모형을 창조하기도 하며 다른 사람이 이미 만든 생활 모형을 따르며 살아가기도 한다. 그러한 생활 모형이 다수에 의해 집단화되거나 후손에게 영속적으로 이어지면 문화가 된다. 이러한 문화 속에서 관계를 맺고 소통하기 위해 사용하는 매개체를 가지게 되는데 그것이 바로 언어이다.
　민족생활어란 민족이라는 말에 생활과 언어가 결합되어 이루어진 말이다. 민족은 일정한 지역에서 오랜 세월 동안 공동생활을 하면서 언어와 문화상의 공통성에 기초하여 역사적으로 형성된 사회집단을 말한다. 생활은 사람들의 일상적인 정서, 인식, 행동으로 이루어지며 이것의 대부분은 언어를 매개로 구체화된다.
　일정한 지역에서 언어, 풍습, 종교, 정치, 경제 등을 공유하면서 장기적으로 집단적 생활을 지속적으로 반복하게 되면, 공속적인 사고체계와 문화체계를 형성하게 된다. 곧 이러한 사고체계와 문화체계는 그 민족의 생활 모습을 통해 알 수 있는데, 이들 생활의 대부분은 민족이 사용하는 언어를 통하여 드러나게 된다.

그러므로 한 민족이 살아 온 삶의 모습, 사고체계, 정체성 등을 파악하기 위해서는 동일 민족의 범주에 속하는 다양한 사람들의 생활어를 살펴보아야 한다. 이것은 생활 속에서 이루어지는 언어의 어휘, 형식, 의미, 용례, 담화 등의 조사와 재발견을 통해 구체화시킬 수 있다.

민족생활어를 조사하기 위해서는 우선 그 언어를 담고 있는 민족문화를 알아야 한다. 이를 위해 한국 민족문화의 개념과 범위를 살펴보면 다음과 같다(한국 민족문화대백과사전).

○ 한국 민족문화에는 외국에서 우리나라로 귀화한 사람과 우리나라에서 외국으로 이주한 사람의 문화도 포함된다.
○ 한민족이 아닌 다른 민족이 이룩한 문화는 한민족 구성원에 의하여 연구 변용된 구체적인 사실이 있는 경우에 한국 민족문화에 포함된다.
○ 한민족이 우리 강역 안에서 이룩한 문화 외에도 외국으로 일시 진출하거나 항구적으로 이주하여 이룩한 문화도 한국 민족문화에 포함된다.
○ 선사시대의 생활양상도 한국 민족문화에 포함된다.
○ 자연 그 자체는 문화가 아니지만 한민족에 의하여 이용되고 의미를 부여한 자취가 있을 때는 한국 민족문화로 다룬다.
○ 현대 문화의 양상은 전통 문화와의 연관이 파악되고 광범위한 영향을 끼치며, 우리나라에서의 독자성 또는 특수성이 보편성과 함께 인정되어야 한국 민족문화이다.
○ 민족문화는 민족·강역·역사·자연·생활·사회·사고·언어·예술 등 아홉 가지로 크게 분류된다.

이상과 같은 한국 민족문화의 개념과 범위 규정은 앞으로 수행할 이 사업의 조사 대상과 영역을 선정하는 데 중요한 기준으로 삼을 수 있다.

사피어 워프의 가설(Sapir Whorf 가설, 언어의 상대주의 이론)에 보면 언어구조나 실제 사용하는 언어 형식이 사용자의 사고에 영향을 미치는 것으로 되어 있다. 언어 사용자는 필요에 따라 많은 언어 형식을 창조한다. 사용자가 그만큼 사고를 많이 한다는 말이다. 북극의 이누이트족은 눈, 얼음, 바람을 아주 세분된, 수십 개의 말로 표현한다. 필리핀 민도르의 하우누족은 450종 이상의 동물과 1,500종 이상의 식물을 구분한다. 실제 공인된 공식 도감의 분류보다 400여 종이 더 많다.

어떤 언어 사용자의 죽음은 그가 가진 독특한 생활어도 함께 사라짐을 의미한다. 언젠가 아프리카에서 들려오는 소식으로 다음과 같은 이야기가 있었다. "한 사람의 노인이 사망할 때마다 하나의 박물관이 사라지고, 하나의 도서관이 사라진다." 문자가 아닌 구전으로 지식과 지혜가 전수되는 아프리카의 문화 전통에서 오래도록 살아 온 한 노인은 그 사람 자체가 박물관이고 도서관이었다(강신표, 인제대).

이러한 관점은 조사 대상과 조사 영역에 대한 중요한 기준을 제시해 준다. 누구를 조사해야 하고, 무엇을 조사해야 하는지에 대한 해답을 이 관점을 토대로 찾아낼 수 있을 것이다.

민족생활어란 한국 민족이 그들의 문화 속에 담고 있는 생활 어휘, 형식, 의미, 용례, 담화 등을 모두 포함한 용어라고 정의할 수 있다. 그리고 민족생활어 조사란 바로 그러한 한국 민족문화 모형을 가진 인간을 대상으로 다양한 생활 어휘들을 조사해야 하는 것이다.

한 민족 내에서 사용한 언어는 그 민족의 사고와 행동양식과 불가분의 관계에 있으며, 이것은 사람들의 일상적 활동과 연계된 생활어에 구체적으로 나타나고 있다. 실제로 음운이나 문법과는 달리 어휘, 의미, 용례, 담화에는 그 시대의 다양한 특징적 상황이 반영된다. 사회구조가 복잡해지고 새로운 사물과 행동이 나타나면서 그에 합당한 어휘가 생겨나게 된다. 이러한 어휘 부족 현상을 충족시키기 위해서 기존 언어의 의미가 더 확대

되거나 기존 어휘가 새로운 의미로 변화하거나 새로운 어휘로 대체되는 현상이 나타날 수 있다.

새로운 사실이나 관념의 형성, 사물에 대한 새로운 지식이 생겨날 때 나타나는 새말이나 기존 의미의 변화, 문화변동에 직접적으로 가장 민감하게 반응하는 것이 어휘이므로 어휘의 변화가 가장 심하다. 따라서 우리말의 어휘가 변화해 온 양상을 살펴보면 우리나라에서 이루어진 사회적·정치적·문화적인 변화양상까지도 읽을 수 있다. 이와 같이 다양한 계층, 성, 지역, 연령 등에서 사용하고 있는 광범위한 생활어의 음성, 어휘, 의미, 용례, 담론, 사진, 동영상 등을 종합적이고 체계적으로 수집·정리하고 활용함으로써 우리 민족의 독창적인 사고력 증진과 민족 문화를 발전시킬 수 있다.

광범위한 민족생활어를 지속적이고 체계적으로 조사·정리하고, 이에 기초하여 민족 제일의 문화유산인 국어와 한민족의 고유한 사유체계와 행동 양식의 역동성을 연구할 필요가 있다. 사회·경제 구조와 활동이 급속히 변화함에 따라 오랜 시간에 걸쳐 형성, 유지, 발전되어 온 국어의 어휘, 의미, 용례, 소통양식 등이 사라지고 있다. 이에 대한 체계적이고 지속적인 자료 수집, 정리, 보관, 활용에 관해 연구를 한다.

한 민족의 삶 속에 내재한 생생한 생활어를 조사함으로써 그와 연관된 생활 자료를 보존할 수 있고, 그동안 간과되어 온 민족의 역사를 복원할 수 있다. 이를 통해 당대의 올바른 시대상을 파악할 수 있고 국가발전의 가시적 성과도 제시할 수 있다.

지난 100년 동안 한국의 사회·경제 활동이 급격하게 변화하면서 다양한 직업들이 소멸·쇠퇴하는 반면 다른 많은 직업들이 창출됨에 따라 국어의 기반을 이루고 있는 생활 양식이 바뀌고 있다. 빠르게 소멸되어 가는 전통 사회·경제·문화 활동과 연계된 민족생활어를 수집·정리하고 활용하여 민족문화의 정체성을 확립하고 국어 어휘, 의미, 용례의 다양성을 보존하여 후손에게 물려주어야 한다. 이와 동시에 탈근대 혹은 지식·정보 사회·경제·문화 활동과 연계되어 새롭게 만들어지고 있는 생활어를 지속적으로 수집·정리하고 활용하여 민족 제일의 문화유산인 국어를 변화하는 시대정신에 맞추어 창조적으로 계승·발전시킬 필요가 있다.

그런데 20세기 민족생활어의 조사 대상이 되는 민중들은 소수의 예를 제외하면 대개 고령자일 경우가 많다. 민족생활어 조사의 시급성은 바로 이러한 사실로부터 제기된다. 그러므로 지난 세기를 살면서 일상의 온갖 생활어를 생생히 사용해 왔던 고령자들로부터 하루라도 빨리 생활어를 발굴·조사하지 않으면 참으로 귀중한 지난 세기 우리 민족의 생활어가 사라져 버릴지도 모르는 위기에 처하게 될 것이다.

이처럼 지난 세기의 급격한 사회변동에 따라 곧 사라질 위기에 처해 있는 우리 민족의 생활어휘를 조사하기 위해서는 고령자들의 구술에 크게 의존할 수밖에 없는데, 이를 통해 노년세대들의 소외의식을 줄이고 그들의 자존감도 회복시킨다. 또한 소외계층의 생활어나 해외에 거주하는 한민족의 생활어도 조사하여 그들의 자존감을 회복시키고 소외감을 해소한다. 아울러 당대의 고령층과 소외계층 사람들의 의식을 파악하고, 그들이 국가발전에 기여한 생생한 증거를 확보할 수 있다. 이러한 과정을 통해 우리 민족이 이룩한 문화유산과 업적을 정리·집대성하여 새로운 한국 민족문화를 창조하는 기반을 구축할 수 있을 것이다.

김 덕 호(국립국어원)

제2장 연구 추진과정

1. 조사 계획

1.1 심마니어

　심마니어는 1929년 소창진평(小倉進平)에 의해 심마니어 85개 어휘가 조사된 이래 계속적인 관심을 받아 왔다. 심마니어는 다른 은어들과 같은 은폐 목적의 은어가 아니라 속세에서 쓰는 때 묻은 말을 신령한 산에서 사용할 수 없다는 산신숭배사상에서 유래한 일종의 특수 직업어이다.
　최범훈(1984)에서 심마니어는 크게 평안도·함경도 지역과 설악산 두 곳으로 나누어 볼 수 있고 두 지역은 분리되어 고립적으로 발달한 것으로 보인다고 하였다. 설악산을 중심으로 한 심마니어는 양양, 양구지역의 심마니들을 그 대상으로 조사되어야 할 것이다. 쇠퇴 과정에 있는 심마니에 대한 좀 더 세밀한 조사는 많은 변화를 겪고 있는 채삼문화를 고려할 때 더욱 절실하다. 강원도에 사는 심마니들은 연로하여 생존자가 줄어들고 있고 그 대를 잇는 심마니들도 생계 문제로 전업심마니는 할 수 없는 상황이다. 산삼도 드물고, 산삼을 채취하는 기간도 차량을 이용하는 등, 대체로 짧아지는 경향이다. 심마니어도 전국적으로 통합되는 경향을 보이기도 한다. 변화를 겪고 있는 심마니 은어들에 대한 기록과 보존이 시급하다.

이번 심마니어 조사에서는 심마니의 종류, 산삼의 종류, 채삼도구, 동작 어휘, 모둠이나 장소 등에 관련된 어휘들을 주로 조사할 것이다. 심마니들이 독특하게 사용하는 은어 외에도 심마니들의 생활을 반영하는 일상생활어도 같이 조사할 계획이다. 세부 조사 계획은 아래와 같다.

연번	세부 추진 계획(월, 일)	비 고
1	○ 5월 문헌조사	
2	○ 6.1. ~ 7.20. 심마니 구술생애 및 어휘 조사 ·구술생애 및 1차 어휘 조사(박만구) ·2차 어휘 조사 ·구술생애 및 1차 어휘 조사(용덕순) ·구술생애 및 1차 어휘 조사(엄익철) ·2차 어휘 조사(엄익철) ·1차 어휘 조사(최종실)	
3	○ 7.20. ~ 7.30. 심마니어 조사 정리	

1.2. 한지용어

강원도 원주에서는 지역문화제의 하나로 원주한지축제를 열고 있다. 이 축제는 원주의 정체성을 살리기 위한 방안으로 기획된 축제이다. 원주 출신 노인들의 고증을 통해 원주가 닥나무가 많이 난 고장이라는 것을 알게 되었고, 그 닥나무의 품질이 매우 뛰어났다는 것도 조사되었다. 원주 지역 중 '호저'라는 곳이 있는데 '호저'의 '저'는 한지의 원료인 닥나무가 많이 나오는 곳이라고 해서 닥나무 '저(楮)'자이다. '호저'라는 지명을 통해서도 원주에서 한지는 주요한 삶의 한 방편이었다는 사실을 짐작할 수 있다. 또한 가내수공업의 형태로 운영되던 한지 제작이 원주지역에서는 70년대 공장 형태로 성업을 이루었다. 그러나 산업 현장에 환경의 중요성이 인식되면서 공해 문제로 한지공장의 운영이 어려워지게 되자 한지공장은 점차 사라지게 되었고 현재는 2군데 정도가 운영 중이다. 공장 형태라고는 하지만 종이를 뜨는 기술은 기계로 할 수 없는 부분이어서 현재도 한지공장은 수공업의 모습을 유지하고 있다.

현재 강원도 지역에 남아 있는 한지 공장이 수적으로 부족해서 강원도에 인접해 있는 경기도 가평의 생산지 한 곳도 함께 조사할 것이다. 가평군 상천리에 위치한 '장지방'은 가내 수공업 형태의 지방(紙房)으로 2, 3대 한지 장인의 명맥을 잇고 있는 곳이다.

한지는 우리의 기록문화에 있어서 중요한 역할을 해왔고 전 세계적으로도 우리 한지의 우수성이 많이 인식되어 한지를 배우고자 하는 외국인들의 수가 증가하고 있다. 국내적으로 우리의 문화 유산인 한지에 대한 관심과 자긍심도 매우 크다. 우리의 소중한 문화 자산인 한지 관련용어들에 대한 세밀한 조사는 소중한 문화유산을 보존하고 발전시키는 데 밑거름이 될 것이다. 이번 한지용어 조사는 원주 지역을 중심으로 가평 지역의 한지용어를 참고하면서 조사할 것이다.

한지용어는 한지를 만드는 장인의 종류와 한지의 종류, 제작 도구와 동작 어휘, 제작 장소 등이 조사대상이다. 세부 추진 계획은 아래 표와 같다.

연번	세부 추진 계획(월, 일)	비 고
1	○ 8.1. ~ 8.10. 기초조사 ○ 8.10. ~ 8.30. 문헌조사	
2	○ 9.1. ~ 10.20. 한지 구술생애 및 어휘 조사 ·한지 구술생애 및 어휘 조사(장용훈) ·한지 구술생애 및 어휘 조사(장응렬) ·한지 구술생애 및 어휘 조사(김성렬)	
3	○ 10.20. ~ 10.31. 한지 어휘 조사 정리	

1.3. 광부용어

　현재 운영 중인 탄광 8곳 중에 강원도에 있는 탄광이 5곳이다. 강원도 태백, 정선 등지는 탄광촌으로 매우 유명한 곳이다. 1970년대 한국의 경제 성장의 원동력이 되었던 탄광의 모습은 근대화 되어가는 우리 민족의 삶의 중요한 모습이다. 이번 조사는 주로 태백 지역 탄광, 그 중에서 함태광업소에서 오래도록 일했던 제보자나, 현재 장성광업소에서 근무하고 있는 제보자를 통해 탄광에서 일하고 살아가던 광부들의 직업어, 생활어를 조사하게 될 것이다.

　광부용어는 일본어의 영향이 두드러진 것이 특징이다. 일본어에 영향을 받은 광부용어에 대해서는 조사 자체에 대한 부정적인 관점이 있을 수도 있겠으나, 객관적인 어휘 조사는 필요하다. 앞으로 광산이 10년 이내에 사라질 것으로 예상되므로 광부 어휘 조사는 매우 시급한 조사 영역이다.

　이번 조사에서는 광부, 도구, 행위, 채취물, 탄광의 종류와 관련 어휘들을 조사할 것이다. 세부 추진 계획은 아래 표와 같다.

연번	세부 추진 계획(월, 일)	비 고
1	ㅇ 11.1. ~ 11.15. 문헌 조사	
2	ㅇ 11.15. ~ 11.25. 현장 답사 ·탄광 어휘 구술생애 및 어휘 조사(한재희) ·탄광 어휘 구술생애 및 어휘 조사(이기재)	
3	ㅇ 11.25. ~ 11.30. 탄광 어휘 조사 정리	

2. 조사 보고

2.1. 심마니어

2.1.1. 제보자

 본 조사 제보자는 다섯 명이지만 대표적인 심마니는 두 명이다. 한 명은 엄익철 심마니이고, 박만구 심마니이다. 엄익철 심마니는 3대째 심마니를 하는 분이고, 지금도 산삼을 캐러 다닌다. 엄익철 심마니의 고향은 양양으로 지금은 인제에 살고 있지만 어릴 적부터 아버지께 전해 들은 어휘들을 중심으로 조사하기 때문에 양양 지역의 심마니를 많이 반영하고 있다. 박만구 심마니는 오래 된 심마니는 아니고, 지속적으로 심마니어에 대해 관심을 갖고 심마니 용어집을 낼 계획을 갖고 있었던 심마니이어서 한 지역의 심마니어를 반영하고 있다고 볼 수는 없다.

연번	조사 대상	이 름	성별	나이	거 주 지	기 타
1	심마니어	엄익철	남	62	인제군 기린면 현리	
2	심마니어	엄익환	남	58	인제군 기린면 현리	
3	심마니어	용덕순	남	59	인제군 방동리	
4	심마니어	박만구	남	50	춘천시 북산면 추곡리	
5	심마니어	최종실	남	71	화천군 간동면 용호리	

2.1.2. 조사 기간

심마니어 조사는 2007년 6월 1일~2007년 7월 30일에 걸쳐 진행되었다.

2.1.3. 조사 장소

강원도 지역 중에서 춘천, 화천, 인제, 양양 지역을 주로 조사하였다.

2.1.4. 조사 결과물

어휘 자료는 480여 개, 녹음자료는 8개 파일, 사진자료가 다수 조사되었다.
본 조사를 통해 조사된 심마니어를 심마니, 산삼, 채삼기간, 도구, 물품, 신호, 자연, 장소, 제례, 분배방식, 상태, 행동, 현상으로 하위 분류하였다.
심마니를 나타내는 어휘는 주로 종류에 해당하는데, 성별, 나이, 경험,

입산 시기, 채삼 행위 지속 여부, 역할에 따라 분류하였다.

2.2. 한지용어

2.2.1. 제보자

한지용어의 주 제보자는 원주 전통한지에서 약 50여 년간 지장이를 해 온 제보자와 장지방에서 3대째 지장이를 해 온 제보자이다.

연번	조사 대상	이 름	성별	나이	거 주 지	기 타
1	한지용어	장용훈	남	73	장지방 경기도 가평군	한지 인간문화재
2	한지용어	김상렬	남	76	강원도 원주시 단구동	
3	한지용어	장응렬	남	50	강원도 원주시	원지한지사장 3대 장인 인간문화재

2.2.2. 조사 기간

한지용어 조사는 2007년 8월 1일 ~ 2007년 10월 31일 동안 이루어졌다.

2.2.3. 조사 장소

강원도 원주 지역을 중심으로 조사하였고, 경기도 일부 지역(가평군) 조사를 참고하였다.

2.2.4. 조사 결과물

한지용어는 일꾼, 한지의 재료, 한지 만드는 도구, 제작 과정, 행위, 제작 장소, 한지와 관련된 어휘가 조사되었다.

한지용어의 어휘자료는 문헌 조사에서 어휘 500개, 현장 조사에서 어휘 162개가 조사되었다. 문헌에서 조사된 한지용어와 현장 답사를 통해 조사된 어휘가 일치하는 면이 있기는 했지만 다소 거리가 있었다.

녹음자료는 5개 파일, 사진 자료는 90개 파일이 조사되었다.

2.3. 광부용어

2.3.1. 제보자

이번 조사의 광부용어 제보자는 막장에서 일하시는 제보자가 아니다. 그러나 두 제보자는 관리직이지만 관리직의 경우도 막장에서 같이 많은 시간을 보내서 광부용어에 대한 정보가 많으므로 제보자로 선정했다. 충분한 시간을 가지고 막장에서 일하시는 광부들을 일의 종류에 따라 제보자들을 선정하여 총체적으로 조사할 필요가 있다.

연번	조사 대상	이 름	성별	나이	거 주 지	기 타
1	광부용어	한재희	남	54	강원 태백	
2	광부용어	이기재	남	44	강원 태백 장성동	장성광업소 근무

2.3.2. 조사 기간

광부용어는 2007년 11월 1일~2007년 11월 30일 동안 조사되었다.

2.3.3. 조사 장소

광부용어는 강원도 태백지역을 중심으로 조사되었다.

2.3.4 조사 결과물

광부용어는 현장 조사 용어 170개가 조사되었다. 구술생애 파일 2개, 어휘파일 2개, 사진은 다수 조사되었다.

제2부
연구 내용

제3장 심마니어

제4장 한지용어

제5장 광부용어

제3장 심마니어

1. 구술 생애

1.1. 엄익철(62)의 구술 생애

문 어린 시절을 어떻게 보내셨는지 말씀해 주십시오
답 저희 할아버지가 질빵을 산간벽촌에다 갖다 벗어놨거든요. 그러다보니까 그 때는 칡뿌리, 곤드레 뿌리, 물거지 그런 거 먹구. 제가 6·25를 아홉 살에 겪었거든요. 공부가 그렇게 하고 싶었는데 공불 할라 그러면은 "야 이놈들아, 글이 밥 멕이냐, 일해야 밥 먹지." 이래가지고 공부를 잘 못 했어요, 그때 당시에. 먹고 사는 게 고역스럽다보니까 제가 열일곱 살에 집을 벗어나갔어요. 너무 어렵게 살다보니까 저는 해본 기 집 짓는 목수도 해보고, 문두 짜고, 이발도 해보고, 내가 해본 거는 사오십 가지 종류는 될 거예요.
문 할아버님, 아버님에 대한 기억들 좀 말씀해 주십시오

[그림 1] 엄익철·엄익환

답 옛날에는 지관들이 남 잘되는 거 못 봐게 해가지고, 만주에서 나온 일원 영감이 지관을 하면서 여기다 갖다 썬 거예요. 그러다보니까 집안이 별루 잘 되 나가질 않았어요, 자손들이 잘 안 된 거예요. 그러다보니까 심메만 보러 댕겨. 우리 할아버지가 인제 거기서 들어오면서 심메 보고, 아버지는 산삼 씨가 서 말이라고 그랬어요, 사주팔자에. 저 구룡령이라는 데서 삼을 한 주루먹 캐왔었어요. 그 삼을 팔아가주고 집을 사고 땅을 사고 아버지가 심을 캐가주고 재산 모은 걸 보다보니까 우리들도 노인네들 따라댕기게 되고 쪼끄마한 것들이 그저 죽으나 사나 심메만 보러 댕긴다고 우리 아버님은 땅을 산삼 캐가지구 많이 사놨어요.

문 다른 형제분들도 모두 심메를 보러 다니셨습니까?

답 아유, 전체 집안이 심밖에 몰라요 큰 형님은 올해 칠십 하난데, 양벌 농사를 전문으로 짓고 있어요. 그러다보니까 조카들이 댕기구 있어요. 여하튼 그냥 심메밖에 몰라요, 흐흐흠.

문 지금 연세 되시도록 계속 심을 보러 다니셨습니까?

답 연간 6개월 내지 7개월은 산에 살아요.

문 결혼을 하시고, 가정을 꾸리신 과정을 말씀해 주십시오

답 제가 서른하나에 결혼했습니다. 올해 36년 됐어요, 만난지가. 당시에 제

가 양양에서 화장품 대리점을 했었거든요, 그러다가 다 떠키고 망하다 보니까 관절이 걸려가주고 업어 내고 업어 들어오고 이랬는데. 집에 식구 외삼춘이 "우리 조카딸이 있으니까 너 장가가거라." 그래. 그렇게 결혼식을 무작정 얼굴도 제대로 못 보고, 허허허, 중매도 제대로 못 하고 허허허.

문 산에 다니시면서 삼 캐셨던 경험담 좀 말씀해 주십시오.

답 제가 열아홉 살 제 도망갔다 들어와가주고 많이 맞았어요, 형님한테. 근데 초저녁에 꿈을 꿨는데 노인들이 심멜 보러 간다고 아침에 모두 가는데, 지난 밤 꿈을 꾸니까 꼭 송장을 만낸 다음에 심을 캔다는데. 우리 그 사둔 노인이 돌아가싰는데, 그 양반을 날 앞채를 미라 그랜거야 인제, 꿈에. 그걸 미구서네 밭에 갖다 묻는데 뼈다구가 나오더라구. 그래 놀래서 깨났거든. 그때 열 서이가 갔는데, 가다가 형님이 무수워가지고 저만큼 가면 요만큼 숨어가고 노인들이 쉬는데, "자가 저길 따라왔는데 오게 해라. 자가 일 칠거다." 지감 있는 노인들이니까 "잘 와라 그래라." 그래서 갔어요. 그래 인제 꿈이 좋으니까 얘길 했는데, 틀림없다 이거야. 그래서 인제 잎사구 한 열 댓개 주서 들구는 파니까 아 이만하더라구 비네꼭지가. 거기서 털썩 앉아서 이래두 심이 아니냐구 고함을 들이 질렀더니, 노인들이 털썩 주저앉는 거야. 그 다음엔 점심도 먹고 싶지 않구, 하늘에 마음이 붕 떤 기 날라가는 거야, 그걸 캐놓는데. 그리구 춘천에 와서두 제가 심을 캤어요, 사망골. 어마어마하게 많이 캤어요 여기선 집에서 당일 와서 캤어요. 우리 아버지가 꿈에 돌아가셨는데, 우리 아버지가 돌아가신지가 오래 됐거든요. 근데 떼굴떼굴떼굴 내려 구르드니 개울에 가서 털썩 드러눕는데 돌아가시드라구. 노래기 전부가 피산이라, 아 이거는 산이 뻘거니까 화악산이다. 어디가 화악산인 줄두 몰르구 갔는데, 간기 삼 한 그루 캐가주구 나와가주구, 돼지 잡아가주구 치성드릴러 오니까 인제 그 얘기를 하더라구.

문 삼 캐러 다니실 때 여럿이 함께 다니십니까, 아니면 혼자 다니십니까?
답 조카들하구 댕길 때도 있고, 외인하구 댕길 때도 있고, 형제들 찌리두 댕기구.
문 심 캐러 가셨다가 직접 겪으신 일이라던가 들으셨던 얘기 중 특별히 기억나시는 게 있으시면 말씀해 주십시오.
답 어떤 사람이 옛날에 산삼을 캐러 갔는데 10년을 기도를 드려도 심을 하나 못 캤어요. 어떤 욕심을 썼느냐. 산에 가면 우리가 보통 비는기 "오구쌍대, 육구만달, 칠구두루부치, 죽삼, 픽삼, 마당심 한 태기 내주십시오." 이러구 빌거든요. 죽삼이라는 건 싹대 없는 삼을 가주구 죽삼이라 그리구. 픽삼이라는 건 포기삼을 가주 말하는거거든요. 비는데, 만날 산신님한테 가 빌으니까, 산신님이 하룻저녁에 꿈을 꿨는데 산신보구 욕을 퍼대미 지당을 두드리미 지랄 하는 거지. 가만 생각하니 큰일났거든, 내일 아침 지당남글 빈다는데 쫓게가게 생겼거든, 그러니까 몽을 줬거야. "야 이놈아, 내가 가젼 거는 각구새끼 하나 밖에 없는데, 없는 거를 달라고 10년 동안 비니 우떻게 주느냐 이 미련한 놈아. 제발 날 잡지 말구, 저 뒤에 어디 올라가면은 쪼끄마한 게 하나 있으니, 그걸 가서 캐가주구 가라, 난 줄 게 그거 밖에 없다." 그래서 일어나보니까, 꿈이거든. 인제 선몽을 했으니까 올라가뵌 거야. 가달은 가쿤데, 캐보니 이마하더란 얘기지. 꾸리만 하드래요, 명주꾸리. 그래서 옛날 노인들 하신 말씀이, "육구 천냥 짜린 없어도, 가쿠 천냥 짜리는 있다더라.", 가쿠 천냥 짜리라는 기 자다가 올라오는 거야, 자다가.
문 산에 다니시다가 혹시 조심하셔야 될 부분을 잘 지키시지 않아 힘든 일을 겪으셨던 기억이 있으시면 말씀해 주십시오.
답 제가 이 다리 다친 기 여기가 있는데, 이게 돌이 내려굴러가지구 깨졌거든요. 산에 공을 많이 들였어요. 많이 들였는데, 지당낭그를 다 때려부셨어요. 그니까 하두 돈을 벌었단 까먹구 하니깐, 그냥 사람 아닌 사람, 죽으믄 죽구, 살믄 살구, 이래구 댕겼는데. 몇 년 동안 심으는 못 캤는데 송이는 이만큼 땄어요. 인제 그날. 따가주 나왔는데 요놈의 돌멩이가 떼굴떼굴떼굴, 오도바일 타고 오드라니까 돌멩이가 내려서 파딱 자빠졌더니, 난 이렇게 뻐뜩구 있지. 피가 막, 런닝구 쭉 찢어서 이걸 디레 지혈을 했는데두, 브레낄 밟니라구 내려오니까, 오도바이 옆으로 막 밀려나갔지. 이걸 서른 몇 바늘을 꼬맸어요. 이거만 나아라, 나믄 지당 다 때려부신다, 인제. 산신에 있다면은 돌이, 그만큼 공양을 했으믄 내려굴다가라두, 그땐 무지무지하게 빌었는데, 지금은 안 빌어요, 죽어두 안 빌어요. 왜 안 비냐, 안 비니까 잘 되는걸. 이게 근 한 2개월 가서 났어요. 10월 달쯤 돼서 인제 막 그 누런 심에 보러 가가주고 심은 캐지 않구 지당남그만 때려부시러 댕기는 거야. 내가 모조리 때려부시러 댕기는 거야, 그냥. 근데 그 옛날, 지금으로 말하믄 아마, 심메마니 생기고부텀 있던 지당, 지당나무가 이만해요, 몇 백 년 묵은 지당나문데. 거길 들어가서 그걸 때려부실라구 인제 톱을 가주 들이비는데, 오싹하게 사람이 자리 주저앉는 거예요. 털썩 주저앉아 가만 생각핸거야. 거기에서 깨달음이라는 게 생기구, 깨우침이 생긴 거예요. 아하, 산신이 밥을 해 달랬어, 떡을 해 달랬어, 빌으랬어. 내가 좋아서 산신님한테 기도를 드리구 좀 달라구 했으믄 그걸로 만족해야지, 이 허구 좋은 날, 몇 날 며칠을 산지당이나 때려부수는, 천지바보가 아니냐 이거죠. 거기서 두 다리 뻗구 통곡을 했어요, 그때부터 시작을 해서 다시 심 캐고, 재물 얻고 핸기, 또 벌리더라고요, 그때부터.

문 그렇게 다니시면서 산신에게 비셨다고 하셨는데, 생각나시는 대로 재연 좀 부탁드리겠습니다.

답 그거는 산에 가서, 언제 시간 내면은 산에 가서는 헐 수가 있어두, 신을 응하는 거기 때문에. 입은 중요시해서 함부로 놀리는 게 아니라는 거. 그래서 산신초는 거만큼은 있습니다. 산에 가서 대도 받고 심 캐게 해달라고, 인제 그러는데. 그런 거를 아무 때나 해서는 안 된다는 거. 요거는 산에서 진짜 정중하게 초지알기 걸어놓고, 그 산신한테 앞으로의 좋은 효용과 가사 만사 태평하고, 돈도 좀 많이 벌게 해달라고 진짜로 비는 거는 할 수가 있어두. 그양 아무나 중얼대구 떠들면은 그 신상에 좋질 않다, 인제 그래 노인들이 하시더라구요. 인제 고런 점이 하나 있구요.

1.2. 용덕순(59)의 구술 생애

문 어린 시절을 어떻게 보내셨는지.
답 제가 바로 요 학교, 초등학교 위에서 태어났어요. 제가 인저 금년 오십 아홉이예요, 오십 아홉인데. 그때만 해도 제가 가난한 집에 태어나가지고 남의 땅, 남의 집으로 돌다가 거기서 인제 학교를 다니면서 진동 올라가서 한 13년 살다 내려와가지고 인제 거기서 좀 벌어가지고 이걸 사가지고 왔어요. 그래 저는 농사도 크게 마이 안 지어요. 농사꾼이래도 논 1,200평 하고 밭 1,000평. 고거 가지고 먹고살면서, 그래 인제 주로 우리가 부수입이 심 보다는 송이. 우리 이 학교 뒤, 이 골 이 안에가 송이가 인제군에서 아마 제일 많이 난다고 볼 수 있어요. 그래서 전 그 송이 소

[그림 2] 용덕순

득으로 마이 인제 살고 있어요. 송이는 한철이니까, 한 45일 60일 고거 따면 공백이 생기잖아요. 그런 때 인제 우리 밑에 동생뻘 되는 사람들하고 같이 다니면서 캐보게 되는데, 저는 그렇게 살고 있어요. 송이 따고, 산에서 뭐 여기는 주로 산에서도 여기 부산물이 많기 때문에 하루 나가면 그래도 뭐 계속 꾸준하게 다니면 하루 십만 원 벌이 돼요. 좀 힘이 들어 그렇지.

문 어떻게 가정을 꾸리게 되셨는지 말씀해 주십시오.

답 인제 우리 형제가 6남매예요, 내가 제일 맏이구. 이제 다 출가시켜서 갔고, 나도 인제 애들 서이. 우리 집사람은 인제 연애 반, 중매 반 식으로다 만나가지고 애들 서이 낳고 그래두 뭐 농사는 크게 안 지두 남 갈키는 대학은 갈켜야 되겠다, 내가 못 배워가지고 그게 한이 됐었어요. 그래가지고 어떡하든지 좀 가르켜 보겠다고 갈키긴 갈켜서 인제 뭐 애들이 다 잘하고 있시니까. 우리 큰애는 안동대 4년 종합대를 나왔구요. 거기서 학사장교 가가지고, 그 아도 7년을 군대생활을 했어요. 대위로 있다가 제대해가지고 원주에다 사업을 채린대서 한 1억 대줘가지고 거기서 장사하다가 한 3년 하고 장사를 접고, 지금 저 서울 올라가가지고 ING 보험회사에 다니고 있고, 우리 딸은 원주에서 LG통신에 있어요. 우리 막내는 애원 복지사로 들어가 있구. 그래 애들은 뭐 그런대로 잘 갈키진 못했어도 제가 그래도 저거해서 설 자리는 만들어 줬어요. 지금 인제 우리 큰애는 서른 넷인데 장가를 못 갔고, 우리 딸이 인제 서른인데 갔어요. 그래서 외손주를 키워주고 있는데.

문 이곳에서는 송이 재배를 통한 수입이 많다고 말씀하셨는데, 송이 재배에 관해 자세히 말씀해 주십시오.

답 저도 뭐 크게는 못해도 주로 그래도 산에서 그런 부산물, 송이. 작년 그렇게서부터 제가 그 또 여기 이 송이밭을 전채 임대를 냈어요. 산림청에서 여 한 20명이 임대를 내가지고 작목반을 구성해가지고, 내가 또 작목

반장을 하면서 작년 그렇게는 인저 첫 그러니깐 2005년도는 잘됐어요. 그해 인제 해가지고 전연 송이 따러 한 번도 안 가봤던 사람도 등급을 매겨가주 주는데, 5년은 등급을 매겨가주 주되 5년 후에는 똑같이 따가지고 똑같이 분배를 하는 식으로 인제 그런 체계를 해가지고 했는데. 거하튼 산에 한 번도 안 가본 사람들도 29일 만에 300만원을 벌어서 줬어요, 우리가. 벌어줬거나 한가지지. 근까 주로 그런 사람들은 송이밭 우리가 키우니까 들우지 못하게 지키는 거, 밤에. 그런 일을 시켜가지구 그래두 그 사람들도 뭐 한 번 산에 송이 따러 가보지도 않던 사람들도 그래도 29일 만에 300만원이면 괜찮은 거잖아요, 수입이. 한 달에 300만원이란 게 이런데서 괜찮죠. 그리고 그 우리가 5등꺼지 등수를 매겨놨는데, 그래서 최고 마이 한 사람이 한 1600.

🔲 한 달에요?

🔲 그렇죠. 1600, 그담에 1000, 800, 뭐 600, 300 이런 식으루다 분산이 됐죠. 그래서 굉장히 그 여기가 송이에 대해서는 진짜 소득이 엄청나요. 그래그 2005년도에도 그 송이가 제대로 났으며는, 1등급으로 천 사람들이 한 이천 오백 벌었어야 돼요, 그게. 그게 인제 송이가 안 나는 바람에 그게 그렇게 안됐고 그게 그 작년에는 수해로 나가주 일원도 하나 못 해쓰고, 송이가 안 났어요, 전연. 그래서 인제 어태 금년에나 그게 잘 나야 되는데, 그 저희 시골 실정이 굉장히 진짜 이렇게 되니까 어렵더라구요. 그래도 다행히 우리 동네는 내가 관리하는 그 리가 우리 기린면에 15개 린데, 하튼 저 이런 시골 쳐놓고 6개 반까지 있어요, 우리가. 세대수가 150세대에요, 우리가. 우리 니가. 이런 시골에 150세대라면 굉장히 많은 거예요. 우리가 이 범위가 기린면에서 이 논 면적하고 밭 면적 따진다면은 제일 큰 면적을 가지고 있구요, 우리가. 그래서 제가 92, 93년도도 이장을 봤었어요, 보고 작년에 인제 그 먼제 번 사람이 6년을 봤는데, 하도 저거 하니까 그냥 강제로 시키다시피 해가지고 못 보는 걸 못 본다그래도 강

제로 맡아가지고 작년에 진짜 그 수해 나는 바람에 엄청이 고생 많이 했
어요, 저도 하튼 그 수해 나가지고 45일을 면사무소 가서 살았어요, 제
가. 계속 거가서 살아가지고 인제 저거하지만 아직 공사도 마무리도 안
되고 그랬는데. 지금 인제 그 공사도 마무리가 거 농경지 복구는 봄에
완전히 다 해서 농사 다 짓도록 만들어줬구. 근데 그 솥, 개울 같은 거
이런 거 망가진 거만 인제 못했는데, 고런 거만 완료하면은 우리 니도
인제 완료는 다 될 것 같아요. 하여튼 이 시골은 엄청이 힘든다는 거만
알고계시면 돼요.

🔳 삼 캐신 경험담 좀 말씀해 주십시오.

🔳 제가 처음에 이 삼을 배운 게 그 우리 아버지가 땅 한 꽁지 없고 집 한
채 없이 남에 터대로 돌았거든요. 그 당시 우리가 크면서 인제 조금씩
벌어야 되겠다는 욕심이 생겨가지고, 저 농사도 짓고 이래가지고 인제
뭐 크겐 못 벌어도 뭐 남의 집으로 안돌고 내가 먹고 살 수 있는 기반을
좀 닦아가지고 살고 있는데. 그래 저희 아버지가 놀음 마이 하시지 또
여자 좋아하시지. 이거 뭐 진짜 사람 경험을 얘기하라니까 해 드리는 건
데. 우리 아버지가 또 이 건달 축에 들어가요, 우리 아버지가. 한 3년 전
에 사망되셨는데. 소 장사도 하시고 장뇌 장사도 하고 이랬어요, 우리 아
버지가. 그래 그 장뇌 장사를 어디서 했냐면, 저 강화 같은데 가서 사다
가 이제 이런 데 매매시키고 이랬는데. 그 당시에 우리가 그 장뇌도 잘
생긴 거를 갖다 산에다가 심었어요, 그거를. 심어가지고 그게 한 7년, 뭐
한 십 몇 년 키우니까 이거는 뭐 진삼이라곤 안 팔고 "이건 장뇌다!" 그
래도 그게 한 뿌리에 한 삼사백 뭐 이렇게 가더라구요. '아, 이게 인제 돈
이 되는구나!' 그래가지고 그때서부터 그런 것들 산에다 갖다 심어 놨다
인제 누가 찾으면 "이건 장뇌니까, 우리가 갖다 심은 지 한 몇 년 만에
캐주는 거다." 근 예를 들어서 우리가 장뇐데 그거를 저 산삼으로 팔 수
가 없잖아요, 그 뭐 감정하면 다나오는데. 그래서 인제 그런 식으로 해서

팔고 그런 걸 하면서 인제 산으로 다닌 거예요, 그거 인제 산삼 보러. 근데 저희도 인제 좀 다니다 크게 캐보지도 못하고 있는데 그 한 번에 그 자들이 그 밑에 동생들이랑 야들이 가가지구 심을 아지 기냥 진짜 한 30대 이상 캤어요, 한 군데서. 그래 그땟 돈으로다가 그게 벌써 한 20년 됐는데, 그땟 돈으로 한 2000만원어치 캤어요. 근데 그 이튿날 가자 그리더라구요. 그래 가가주 그 이튿날 가서도 한 열 대 캤는데, 거가서. 심은 꿈이라는 게 있어요, 꿈. 인제 심을 캐러 가는 사람이 꾼 게 아니라 다른 집 그 어머니가 꿨는데, 이 꿈에 아주 옷도 안 입힌 갓난 애기를 딱 누가 줘서 그걸 끄난꾸 집으로 왔다는 거예요. 그러니깐 저 그 꿈도 또 해명이라는 게 있어. 그래서 이 꿈을 인제 이 심메마니들은 그런 꿈을 인제 좋은 꿈, 심 캘 수 있는 꿈이다 이리면은 그걸 사요, 꿈을 팔으라 그래가지구 인제. 그래서 인제 만약에 가서 캐서 마이 벌고 이래면은 좀 더 디리지만 뭐 5,000원에도 사고 10,000원에도 사고, 인저 그 꿈을 팔으라 그래가지구 그럼 돈을 줘야 돼요, 그거는. 거 뭐 말로 사고파는 게 아니라 돈을 탁 주고 "우리가 삽니다." 이러면 그 집에서 사라고 주믄 인제 그걸 가지고 게서 그때 갈 때 그거를 갓난 애기를 깨 안고 왔다고 그래가지고, 야 이게 어딜 가야 되느냐니까 '안고 왔다.' 그래서 그 안말이라는 동네가 있었어요. '아, 이거 애기를 안고 왔시니까 어디 안말을 한번 가보자.' 그래가지구 그게 요행히 그 거기서 캔 거예요, 그게. 이상하게 맞더라구요, 그게. 그래서 인제 그담에 가서 캐길 시작해가지고 계속 인제 그런 식으로 캤는데. 꼭 뭐 꿈을 뀌구 캐는 거는 아니지만, 갓난 애기나 무, 무는 아주 그건 100%예요. 만약 집에서 누가 꿨던지 무를 아주 이렇게 캐가지고 집으로 가져 들어오기만 했다면, 그건 나가믄 캐요, 진짜. 그래서 그 무꿈은 하튼 그게 제일 잘 맞아요, 그게. 그래서 그 저희도 인제 그렇게 해서 그거 캤고 그리고 이 꿈이, 좋은 꿈을 뀌도 3일만 빙기면 허당이래요. 이 산삼이라는 거는 그 옛날 노인네들인데 큰 삼 캘 꿈을 딱 꿔잖아요, 그리믄 한 사람한테로만 꿈에 나타나는 게 아니란 얘기더라구요. 그니까 나한테 엊지녁에 내가 꿈을 탁 꿨는데 어디서 그런 아주 큰 삼을 캘 꿈을 꿨으면은 다른 지역에 있는 사람한테도 그게 꾸킨데요, 그 심메마니한테. 제가 한 번 느낀 게 있어요 제가 인제 꿈을 한 번 꿨는데, 여름에 그 장마철인데 아주 기냥 사람들이 와가지고 그 지게에다 소구리 달아가지고 무택가를 지러 가자고 그러더라구요. 그래서 어디로 가냐니깐 지금 넘어오셨던 아홉싸리 그 고개 너머엘 가자 그래는데, 차로 몇 대를 실어야 되냐니까 두 대를 실어야 된다 그래서 인제 그럼 가자고, 차를 타고 갔어요. 가가주 보니까, 이렇게 골짜기 올라가. 차는 도로에다 세워놓고 이렇게 올라가니까 아주 무밭이 크게 두 밭인데, 밑에는 무가 잘 안 생겠구 우에는 아주 잘 생겠더라구요. 그래서 아 난 좀 멀어도 좋은 걸 지구 간다구, 다른 사람은 밑에서 가차운 데서 뽑아 지고, 나는 우에 가서 한 짐을 해가지고 뽑아가지고 왔어요. 그래 엄청이 좋은 꿈을 꿰서 갈라구 딱 했는데, 장마를 그냥 억시루다 들이 퍼붓는 바람에 못 갔잖아요. 딱 못 갔는데 그 여기 저 홍천 서석 사람들이 와가지고 아주 그냥 마당심을 캐갔다 그러더라구, 거그 와서. 그니깐 인제 그 사람들한테도 뵈키고 나한테도 뵈킨거야. 그니까 한발 늦은 거예요. 그래 그 심이라는 거는 그 꿈도 맞더라구요. 전체적으로 맞는 건 아니지만, 그래도 그런 꿈이면 질 좋아요. 그 갓난 애기나, 그래구 저 무 같은 거, 이런 거는. 그래서 그 제가 한 번 그 많이 캘 수 있는 기회는 그때 한 번 놓쳤구. 그래서 그 저희들도 그래두 그 진부령으로 다녀보셨겠지만, 진부령 쪽 그 깊은 골 그런데도 다 다니면서 심메도 보고 좀 그런 데서는 뭐 크게 큰 거는 못 캤어요, 못 캐구. 제름한 거만 몇 개 캐서 팔고 이랬는데. 이 여기 그 우리 동생들은, 바로 밑에 동생은 마이 다녀요. 나는 내가 일을 맡아노니 어떻게 나갈 져를이 없어 못 가는데, 내 동생은 요새도 한 다섯 개인가 캤어요. 이래 저는 그 일 보고 뭐 시간 있을 때 가서 한 대 캐가지고 200만원 짜리 하나 캤는데, 짝은 거죠 뭐, 작은 거 하나 캐구. 그래서 저희는 그 우리 산이 이 부대 뒤 바로 부대 너메 한 3만평 짜리가 있는데. 그래서 우리 그 군에서 지원받아가지고 거기다 장뇌도 씨루다 느 말 스 되를 심었어요, 거기다. 장뇌 모루 갖다 심어서 지금 잘 크고 있는데. 그리구 그 더덕, 산더덕두 씨루다 세 가마 뿌려서 키우구 있구.

문 부농이시네요, 뭐.

답 부농이나마나 뭐, 그 대신에 뭐 집에서 하나도 없잖아요, 뭐 할게. 그냥 인제 저거는 투기로 해논 거예요, 그냥 투기로 해놓고 되믄 되고 안 되믄 할 수 없구. 그래서 저것두 뭐 사실상 그 인제군에서는 그 장뇌하고 더덕 뭐 이런 거를 지원을 해줘요, 그 작목반 구성을 하면은. 그래서 인제 우리 삼형제서 아예 우리 삼이 있으니까 그걸 한 번 해보자 이래가지고 군에서 지원받아 가지구 해봤어요.

문 형제분이 많으시니까 또 그런 것도 좋네요.

답 예. 그 다른 사람 하나 안 낑기고 우리 삼형제서 그냥 해놓고 그래 전에 난 뭐 바빠서 못 갔는데 바로 밑에 동생이 가보니까 굉장히 잘 되고 있더라 그래는데, 인제 그걸 기대는 하는데 잘 될란지 모르겠어.

문 그러면 선생님은 이렇게 형제분들이랑만 다니시나요?

답 다른 사람도 다녀요 같이, 같이 다니고.

문 그런 분들도 그러면 이렇게 농사를 지으시면서 심 하고, 하시나요?

답 저 한 두어 사람은 거 전문으로 우리랑 같이 다니는 사람은 아예 농사 없이 산으로만 다니는 사람은 딱 한 사람 있는데, 이 사람이 올해 쥐띠니깐 마흔 일곱이나 여덟이나, 고 사람이 하나. 저 그 사람은 아주 전적으로 산에서 벌어먹고 살아요. 근데 뭐 나이가 어리니까 나이가 크게 많질 않으니까 그 심에 대해서는 인제 캐러두 다녀두 그 용어라든가 그런 것두 그 사람두 잘 몰르구.

문 방태산에 예전에 심마니 분들이 굉장히 많이 계셨다고 들었습니다. 그분들께서 삼을 캐러 다니시던 모습에 대해 말씀해 주십시오.

답 예. 살긴 살았는데 그 사람들이 연세가 많으시니까 다 사망되시고,

문 다 돌아가셨어요?

답 예. 그때 다니던 분들 없어요. 다 사망되셨어요. 그전에 그 우리 내 어렸을 때 우리 작은 할아버지가 많이 다녔어요, 산삼 캐러 많이 다니셨는데. 지금은 삼을 캐러 다녀도 뭐 길 좋고 차가 있시니까 그 뭐 하루치기로 갔다 오고 암만 멀어도 하루 가서 돌고나오고 그랬는데, 옛날에는 그 산에 들어가서 자면서 캤잖아요. 그리믄 그때는 뭐 지금처럼 비닐이나 있으면 비닐 가지구 가 치고 자면 좋은데, 그전에 그런데 가 자는 거는 나무로 찍어서 이렇게 해가지구 맨 풀만 덮어가지구 비도 안 맞게 이렇게 만들어놓구 있었어요. 그 저 그런데 가서 인제 자민서, 가믄 벌써 우선 심메 보러 딱 몇이 그 뭐 한 삼, 사명이고 사, 오명이고 올라가며는 망 먼저 쳐놓고 준비해놓고 우선 고사부터 지래고, 거서. 문창호지하고 그 뭐야 포 하나 가지고 가서 그 뭐 돼지머리 같은 거 가지고 가서 거기서 인제 제사를 지내요. 심 좀 캐게 해달라고 인제 지사 지내구. 그리구 그 바로 예를 들어서 인제 그런데 가서 그 뭐 작은 심 캐가지구 뭐 돈 쬐끔씩 되는 거는 고사를 안 드리고 그래두 큰 걸 좀 캐가주 돈 좀 꽤 많이 했다 이러믄 돼지 잡아가지구 치성두 거 산에 가서 드리구. 동네 사람들도 싹 오라 그래서 돼지고기 나눠먹구, 심 캐서 치성디랬다구 다 오라그래요. 그러면 인제 그 깊은 산에 다 지고갈 수가 없으니까 집에서 돼지를 하나 잡아서 싹 손질을 해가지구 집에서는 그 고기를 먹을 수 있게 만들어 놓구 돼지머리만 해 지구 떡하구 해서 지고 올라가 산에 가서 그 자리 가서 제사 지내구 그리구 내리와서 동네사람들하구 그 고기는 다 나눠먹구 그런 식으로 했지.

문 산에 다니시다 보면 많은 종류의 버섯도 보실텐데, 말씀해 주십시오.

답 아, 우선 뭐 송이부텀 버섯이잖아요. 송이버섯, 또 싸리버섯, 꾀꼬리버섯

이란 것도 있어요. 노룸바래기, 밤버섶, 섹이버섶, 그리구 인제 표고, 느타리, 떡다리, 상황, 영지, 또 곰버섶이라는 게 있구요. 어 능이, 능이버섶두 많이 나구.

📃 혹시 심이나 버섯 캐러 다니시면서 서로 신호를 주고받는 것이 있으면 말씀해 주십시오.

📃 심메마니들은 가서 소린 절대 안 질러요. 심메마니들이 그이 지팡이가 있어요. 꼭대기 손 딱 쥐는 데가 동그라면서 한 다섯 가달씩 있는데, 기럭질 이렇게 길게 해가지구 끝을 빼죽하게 깎구. 껍질을 다 까가지고 거양 집고 댕기는 게 아니라 불에다 새카맣게 태워요, 아주 반질반질하게. 마대라 그러더라구, 마대. 심메마니들은 산에 가서 심메 볼 때 어디있는지 모른다 그러믄 이 나무를 뚜디리는거야, 딱딱. 그리믄 저짝에서 딱딱 뚜디리믄 모에서 같이 하구. 인제 그 앉아서 쉬는 것두 "자 앉힘합시다." 이리구. 옛날엔 인제 다섯이 주욱 가민서, 심봤다고 소릴 질르면은 다른 사람은 다 앉지서 움직이질 않는 거고 그리믄 그 심봤다는 사람이 그 옆에를 싹 찾아본 다음에 "난 인제 다 봤신까 보시오." 이래믄 그 다음에 일어나서 본다는 거예요, 그게.

📃 심 캐러 가셨다가 직접 겪으신 일이라던가 들으셨던 얘기 중 특별히 기억나시는 게 있으시면 말씀해 주십시오.

📃 그전에 심메마니들 두 분이 심을 캐러 갔대요. 한 분은 나이가 많구, 한 사람은 좀 젊구. 노인네가 앉아 쉬다가 올라가민서 바로 길 옆에서 심을 좋은 걸 캔 거예요. 그런까 젊은 사람이 이게 돈 욕심이 생긴 거예요. 근까 이 사람이 "어떡할라우? 이거를 독메로 할꺼냐, 원앙메로 할꺼냐?" 그니까, 나이 많은 사람이 혼자 먹는 걸로 하면 이게 뭔 일이 날지도 몰르니까, "아 당연히 원앙으로 하자. 같이 팔아먹자." 그래가주 야중에 그 노인네가 그래는데, 사실상 겁이 나서 그랬다는 거예요, 겁이 나서. 그래서 같이 나가서 팔아가주 같이 농가먹었다 그리드라구. 심메마니들두 그런

경우두 있드라구요.

1.3. 박만구(50)의 구술 생애

문 성함이 어떻게 되십니까?
답 이름은 박만구.
문 어떻게 삼 캐시는 일을 시작하게 되셨는지 말씀해 주십시오
답 서울에서 생활하다가 병고 시달리는 사람들 어떡하믄 그 고통에서 벗어날 수 있는 길이 있으까 해서 약초 쪽에 입문을 할려고 강원도 추곡 산으로 들어왔죠. 들어와서 약초 공부를 하면서 약초 캐러 다니다가 심마니들하구 연이 닿아서 그 후에서부터는 산삼두 캐러두 다녔다, 이렇게.
문 삼 캐신 중에 특별히 기억나는 일이라든가, 캐신 삼 중에 아주 좋은 삼을 만났던 경험이 있으시면 좀 들려주십시오.
답 삼을 많이 캔 거는 다섯 명이서 같이 갔는데 그 벌, 그 벌 이름이 말벌이라 그래, 말벌. 말벌집을 건드려가주구 팬티 속으로 벌이 들어가서 도망가다가 우뚝 선 데서 보니깐 삼이 생자리에 한 칠, 팔십 뿌리 있더라구.

[그림 3] 박만구

근데 그때 캔 게 처음이었구, 한 사, 오십 뿌리 캤어요. 삼의 종류는 좋은 상태는 아니었고, 나이들이 많질 않았지. 인제 좋은 삼을 캐게 된 동기는 그 몽(夢)을 받았는데 꿈꾸다가 여성하고 잠자리하는 꿈, 그거 꾸구서 그 날 산행을 해가지고 화악산에 가서 네 뿌리를 캤는데, 그거는 인제 삼이 너무 좋아서 돈이 조금 됐어요. 네 뿌리에 한 이천만 원 받았으니까. 그랬던 경우가 있었지.

문 삼 캐는 과정을 말씀해 주십시오.

답 삼을 캐는 과정은, 삼을 발견하고 밑에 하단부서부터 인제 폭을 넓게 잡아서 캐기 시작하는데, 살이 좋은 데는 흙이에요, 흙, 산에 흙.

문 흙을 '살'이라고 하나요?

답 흙이, '살'이라고 불러요, 여기 인젠. '살이 좋은 데는 그냥 손으로 이렇게 해두 파져요. 그리면은 인제 뿌리 안 다치도록 좁혀가면서 아주 조심스럽게 캐는 경우죠, 방법은. 인제 시간이 많이 걸려도 뿌리를 안 다치게 조심스럽게 캐면 돼요.

문 산삼을 캐러 가시면 입산 후 바로 삼을 찾으러 가시지는 않고, 모둠을 짓는다든가 하는 등의 과정이 있는 것으로 알고 있습니다. 전체적인 과정을 말씀해 주십시오.

답 인제 입산을 하게 되면, 입산 택일이라 그래서 날짜를 정하고 길일을 택해서 세 명이나 다섯 명이 약속한 날짜에 출발을 하게 되는데, 산에 들어갈 때는 산신제를 지내야 되기 때문에 입산하기 전날 시장에 가서 제물을 준비해가주구 입산을 해서 멧밥을 지어서 산제를 지내고 난 이후에 인제 모둠을 짓게 되죠. 모둠을 다 짓고 난 이후에 서로 어느 쪽으로 방향을 잡고 갈 것인지 정해서 인제 삼을 찾기 시작하는 거죠.

문 모둠은 어떻게 짓습니까?

답 모둠은 대부분이 가는 물푸레나무를 잘라서, 힘이 좋거든요. 그러니까 그걸 휘어서 텐트 모양으로 짓는데. 끈을 가져가서 나무하고 나무 사이

묶어주고, 요즘은 비닐을 사가주고 그걸 씌우고, 흙으로 덮고 우에는 이제 뜨거우니까(여름) 그 풀 같은 걸 짤라서 우에 지붕을 인제 풀로 덮어주고, 마른 나뭇잎을 바닥에 깔아서 잘 때 돌 같은데 배기지 않게 그렇게 하구 잠자리를 청하죠.

問 산의 방향을 정할 때는 어떻게 하십니까?

答 산의 방향을 잴 때는, 그 멧밥을 지을 때 뚜껑을 안 연다 그랬잖아요. 뚜껑을 안 열고 밥을 하면은 자연 상태 밥에 모양이 생겨요, 굴곡이 생긴다고 그러면 인제 그 굴곡을 보고 그 산의 형태에 맞춰가지고 정해서 들어가죠.

問 식사를 포함한 모든 준비는 모둠 안에서 해결하십니까?

答 아니. 이제 식사 같은 거는 계곡에 내려오는 물 떠서 밥을 해먹죠, 바깥에서.

問 삼을 캐실 때 금기사항이 있으면 말씀해 주십시오.

答 금기사항은 인제 입산 전에 한 일주일 전서부터 '목욕재계한다.' 그래서 목욕을 깨끗이 하는 건 물론이거니와 인제 부부간의 성생활두 한 일주일 전서부터는 금하고 또 심마니들도 인제 육식을 해요, 하지만 입산하기 전에는 절대루 안 먹지. 그래서 돼지고기라든지 개고기, 특히 닭고기, 하여튼 고기음식도 입에 안 하고 그리고 부정한 사람이 내 집에 들어오지 못하도록 사람 오는 것도 과거에는 금줄 치고 이랬어요. 새끼줄을 쳐가지구 못 들어오게 했는데, 요즘에는 인제 부정한 사람 못 들어오게 사람 만나는 거를 일체 좀 금하고, 나쁜 생각 이런 거 다 버리고 철저히 준비를 해서 인제 입산을 하게 되죠.

問 산삼을 캐러 다니실 때 심마니 분들이 부르시던 노래가 있습니까?

答 글쎄. 노래는 하는데, 우리 그 심마니들이 부르는 노래는 구전이 잘 안돼서 그냥 나름대로 좋아하는 노래를 흥얼거리면서 올라가는 경우는 가끔씩 있어요.

문 산신제 할 때 제문이 따로 있습니까?
답 그렇죠. 반드시 제문이 있어요, 산신제에. 왜냐면 심마니들이 하는 산신제는 좀 독특하고, 순수한 점이 많기 때문에. 산신제 축문 같은 거는 인제 큰 대제 때, 산신 대제 때는 축문을 지어서 하고 또 몇 사람씩 이렇게 짝을 지어가지고 산행을 할 때는 그냥 머리에서 즉흥적으로 생각나는 그 말루다가 해서 산 축문을 읽죠.
문 지금 (산신제) 재연을 좀 해주실 수 있으시겠습니까?
답 제문은 인제 아주 간단해요, 몇 사람이 가면은. 그 제물을 올리고, 멧밥 올리고, 정한수 떠서 올리고 오, 소례로 올린 정성 대례로 받아주시고, 좋은 심 볼 수 있도록, 인제 소원성취하게 해달라고 하는 내용이에요, 간략하게. 좀 욕심내면은 무슨 뭐 마당심, 떼심, 줄심 해서 산삼을 많이 캐게 해달라고도 하지만, 보통 큰 욕심 없이 적은 삼이래두 공탕치지 않고 보고 갈 수 있도록 해달라고 제문을 읽죠.
문 산신제 중 대제는 일 년에 한 번씩 드리십니까?
답 인제 산신제는 보통 전국의 심마니들이 한 번 모여서 큰 대제 행사를 하고, 고담에 지역별로 예를 들어 홍천군이면 홍천군, 춘천시면 춘천시 심마니들이 모여가주고 하는 산신제 행사가 있고 또 몇 사람이 모여서 가는 산신제는 산에 갈 적마다 하게 되겠어요. 그니까 산신제를 올리는 횟수는 굉장히 잦다고 봐야지, 잦은 편이에요.
문 산신제를 드리는 전체적인 과정을 말씀해 주십시오.
답 산신제 드리는 과정은 제물로 인제 삼색실과(사과, 배, 대추)를 준비해서 쓰고 고담에 뿌리 좋은 산삼을 보게 해달라고 하는 뜻도 있지만, 수명에도 관계돼요. 잔병 없이 오래 살게 해달라는 뜻도 담겨져 있고 그래서 명주 실타래, 실타래도 준비하고 고담에 산신님한테 의복을 해드린다 해서 도시레미 예단 준비하고 고담에 인제 그 어릿광주라 그래서 직접 빚은 술 그거 준비하고 그렇게 해서 멧밥을 마지막으로 짓고 이제 산제를 시작하게 되는데, 보통 인제 그 어이마니가 제일 먼저 제주가 돼서 제사를 행하게 되죠. 그래서 절을 먼저 하는데. 산신제의 특이한 점이 뭐냐면 우리 일반인들이 제사 지낼 때 보통 두 번 반 절을 하잖아요, 근데 산신제는 산신에게 하는 거는 세 번 반을 해요. 그래서 네 배를 하게 되겠어. 그래서 그렇게 네 번 하는데, 하기 이전에 인제 제문을 읽고 다 같이 엎드려서 제사에 참여를 한다라는 거. 고담에 인제 좀 독특한 건 뭐냐면, 혹시 잡신들이 와서 훼방을 할까봐 산신님께 드리고 난 음식을 쪼금씩 떠서 한 쪽 밑에 그릇에다 담아가주고 잡신들도 와서 먹고 가라고 그렇게 하죠. 인제 고런 과정이 심마니들이 하는 제례 방법이에요.

문 제례 중에 산신제 말고도 수배제라고 있습니까?

답 아, 수배제. 예. 산신제를 지내고 난 이후에 수배제가 있고, 고담에 어인선생제도 있었어요, 과거에. 근데 오늘날에 와서는 연세 드신 어이마니 분들이 많이 돌아가시고 난 이후에 그런 것들을 잘 지키지를 못하고 있는 형편이 조금 안타깝다 이렇게 볼 수 있죠.

문 과정이나 형식적인 절차는 산신제와 비슷한가요?

답 비슷하지요, 비슷해요.

문 멧밥은 그 자리에서 짓습니까?

답 예. 멧밥은 반드시 그 제당을 짓고 산제 드리기 전에 그 현장에서 바로 짓죠. 져서 올리게 되겠어요.

문 전체적으로 주관하시는 분은 어이마니이십니까?

답 예, 어이마니 분이 주관하시고.

문 다른 심마니 분들은 의복이라든가 뭐 특별히 갖춰야 하는 게 있습니까?

답 전국 산신 대제 행사 같은 경우는 인제 그 제주들이 의복을 입게 되는데, 보통 쪼그맣게 소규모로 하는 산신 대제 때는 그렇게 제복을 갖추지는 않아요. 평상시 입은 옷차림으로, 그냥 산행하는 옷차림으로 하죠.

문 깊은 산에 들어가시게 되면 귀한 약초, 버섯 같은 것도 많이 보시게 될 것 같은데, 그런 깊은 산중에만 있는 것들을 좀 말씀해 주십시오.

답 그게 인제 깊은 산에 들어가면 아무래도 사람들 발길이 많이 닿지 않았기 때문에 오래 묵은 더덕이나 잔대, 도라지, 뭐 작약 같은 거. 또 입산해서 활동하는 기간엔 생활을 해야 하기 때문에 곰취라든지 고담에 참취, 참나물 그런 종류의 쌈을 싸먹을 수 있는 반찬두 준비를 하고 그 정도에요, 그 정도.

문 버섯 종류들은요?

답 버섯은 뭐 좋은 버섯이 많이 있죠 뽕나무버섯, 고담에 인제 그 자연 느타리버섯, 또 돈이 될 만 한 건 상황버섯이라든지 차가버섯. 또 떡다리버섯이라 그래서 잔나비걸상버섯 같은 항암 효과가 많은 그런 버섯도 채취를 하는데, 쓸 만큼만 채취를 합니다, 쓸 만큼만.

문 다 채취하지는 않으시구요?

답 예, 예.

문 산삼은 특별히 시기를 정해놓고 캐거나 하시지는 않습니까?

답 산삼 시기는 인제 전업채삼꾼인 경우 전문적인 심마니들은 기간이 따로 정해져있진 않아요. 인제 입산할 수 있는 길일만 잡으면 아무 때래두 입산을 해서 산에 활동을 하고 또 이렇게 농사를 지으면서 부업채삼꾼들이 있어요. 그런 분들은 인제 농사 일이 끝나야 들어가야 되고 그래서 아주 늦은 가을에 입산하는 경우 추분이 지나서 그런 경우도 있고, 또 봄에 시간이 좀 날 때 봄에 들어가서 채삼하는 경우가 있고 근데 보통 산삼이 약성이 가을이 좋거든요, 가을에 입산들을 주로 많이 하는 편이고 전문적인 심마니들은 봄, 여름에 발견을 했다가 인제 가을에 캐는 경우도 많이 있죠.

문 시기별(봄, 여름, 가을 등)로 캐는 삼을 따로 일컫는 말이 있습니까?

답 예, 있어요 들어가는 방법두 인제 그 일삼메꾼, 만삼메꾼. 뭐 초봄에 들어가는 분들, 또 늦가을에 들어가는 분들, 그리구 여름에 들어가는 분들

이렇게 해서 쪼금씩 명칭도 또 따로 있고 계절별로는 인제 그렇게 있고, 또 무슨?

문 일삼메꾼이 봄에 들어가시는 분들인가요?

답 네 거의 봄에, 처서쯤에. 봄은 아니고 그니까 인제 처서 무렵이니까 여름 쪽으로 봐도 되죠, 여름. 그니까 모내기 끝나고 난 이후에 좀 지나서.

문 가을쯤에는요?

답 고건 인제 만삼메꾼이라 그래서 가을에 늦가을에, 추분 이후에 들어가서 채취하는 분들.

문 그럼 만삼이라고 하면은 가을에 발견된 삼을 얘기하는 것이고요?

답 아니에요, 인제 가을에 한 거는 명칭이 백메고 고담에 인제 봄철에 채취 되는 건 춘메라 하고 여름에 채취되는 거는 황메라 그래요. 그래서 봄에 는 춘메, 춘채, 여름에는 황메, 가을에는 인제 백메라고 이렇게 명칭이 붙었죠

문 어릿광 그러면 대체로 그 제에서 사용되던 직접 잡은 소나 돼지고기, 멧 밥, 과일 정도입니까?

답 그렇죠, 예단하고 근데 인제 좀 특이한 거는, 과거에는 제를 올리는 짐 승은 현장에서 잡았어요. 그래가지구 현장에서 그 피를 볼 수 있게, 빨간 피를. 그게 산삼의 그 빨간 열매하고 연관지어가지고 산삼 많이 캐게 해 달라고 기원하는 뜻에서였는지 현장에서 바로 잡는 경우가 있었는데 지 금은 그렇게 하는 경우는 없어요.

문 어릿광주 담는 과정을 말씀해 주십시오

답 어릿광주는 인제 보통 소나무 광술, 광술루 된 나무를 홈을 파서 자웅이 라 그러죠, 암수로 표현을 할까요? 그래서 인제 반을 잘라서 홈을 파고 거기다 술 만드는 재료를 넣고 다시 뚜껑을 덮어서 새나오지 않도록 마 무리를 잘 해주고 그러구 인제 그 제당 옆에 한 삼일에서 오일 기온에 따라서 맞춰가주고, 술이 익을 수 있게끔 미리 술을 담아놨다가 산제 때

제주로도 활용을 하는 거야, 제주의 술로 그것을 인제 어릿광주라 그래서 지금도 인제 그렇게 하는 경우는 가끔씩 있어요.

2. 조사된 어휘

2.1. 심메마니 · 심마니 · 마니 · 천사

심마니는 산삼을 캐러 다니는 사람을 이른다. 심메마니라고도 하고, 줄여서 마니라고도 한다. 마니는 사람을 의미하는 심마니들의 은어이다. 심마니를 신성하게 천사라고도 일컫는다.

2.1.1. 종류

심마니의 종류는 성별, 나이나 경험, 입산하는 시기, 채삼 행위 지속 여부, 역할을 기준으로 나눈다.

1) 성별

(1) 개장마니
거의 모든 심마니는 남자이나, 때로는 여자들도 심마니가 된다. 여자 심마니를 특별히 개장마니라고 한다.

(2) 안방마니
심마니의 아내는 안방마니라고 한다. 하지만 안방마니는 심마니는 아니다.

2) 나이

나이를 기준으로 분류된 심마니 종류에 해당하는 어휘는 어린 나이의 심마니에 해당하는 어휘만 조사되었다.

(1) 동자마니·소동마니

나이가 적은 심마니는 동자마니, 소동마니라고 한다.

(2) 청심마니·초심마니

20세 미만의 젊은 심마니는 청심마니, 초심마니라고 한다.

(3) 염적이마니

심마니 중에서 가장 어린 심마니는 염적이마니라고 한다.

3) 경험

심마니는 경험이 많은 심마니와 경험이 없는 심마니로 나뉜다.

(1) 구마니·구심마니·선체마니

경험이 많은 심마니는 구마니, 구심마니, 선체마니라고 한다.

(2) 어이마니·어인마니

심마니 중에 우두머리는 어이마니라고 한다. 어이마니와 음과 의미가 유사한 어휘로 어인마니가 있다.[1] 어인마니1은 산삼을 캐 본 경험이 많고 그 산삼에 대한 지식이 많은 심마니이다. 어인마니2는 임금에게 진상할 산삼을 캐는 심마니로, 벼슬자리를 의미하는 것으로 조사되었다.

---

[1] 박만구 제보자는 어인마니와 어이마니를 구별했으나, 엄익철 제보자는 구별하지 않았다. 『표준국어대사전』의 뜻풀이는 어이마니를 심마니들의 은어로, '늙은이'를 이르는 말이고, 어인마니는 어이님이라고도 하는데 심마니들의 은어로, 산삼 캐기에 경험이 많고 능숙한 사람을 이르는 말이라고 풀이하고 있다.

(3) 중어인

중어인은 어이마니와 보통 심마니 중간 위치에 있는 심마니이다.

(4) 옳은심마니

제대로 된 심마니라는 뜻으로 옳은심마니, 또는 줄여서 옳은마니라고 한다.

(5) 천동마니·초대마니

산삼 채취를 처음 하는 심마니나 처음 산행을 하는 심마니를 천동마니, 초대마니라고 한다.

4) 입산 시기

입산 시기에 따라 심마니를 분류할 수 있다.

(1) 춘채마니

계절 중 봄이나 여름에 산삼을 캐러 산에 들어가는 심마니를 춘채마니라고 한다.

(2) 일삼메꾼

절기에 따라 처서 무렵에 산삼을 캐는 심마니는 일삼메꾼이라고 한다.

(3) 만삼메꾼

추분 후에 입산하여 산삼을 캐는 심마니를 만삼메꾼이라고 한다.

5) 채삼 행위

채삼 행위를 전업으로 하는가 부업으로 하는가에 따라 심마니를 분류할 수 있다.

(1) 신동마니·전업심마니

전업으로 채삼 행위를 하는 심마니를 신동마니, 전업심마니라고 한다.

(2) 부업심마니·부업채삼꾼

농사 일 등 다른 일을 하면서 산삼을 채취하는 심마니를 부업심마니, 부업채삼꾼이라고 한다.

6) 정재인

역할에 따라서도 심마니를 분류할 수 있는데 취사를 도맡아 하는 심마니를 정재인이라고 한다.[2]

2.1.2. 신체

신체에 관련된 은어로 눈에 대한 은어만 조사되었다.

1) 반들개·부르치·살피게

심마니의 은어 중 입이나 코, 귀에 대한 어휘가 조사되지 않은 것에 비해 눈에 대한 어휘는 여러 개가 조사되었다. 이는 눈이 산삼을 발견하는 데 중요한 신체 부위이기 때문인 것으로 생각된다. 심마니는 눈을 반들개, 부르치, 살피게라고 한다.

---

2) 박만구 제보자에 따른 것이다.

2.2. 산삼

산삼은 깊은 산속에 야생하는 삼으로 약효가 재배종보다 월등히 좋은 삼이다. 산삼을 심마니들은 삼 또는 심이라고 한다. 산삼에 관련된 용어에는 산삼의 종류와 산삼의 부분 명칭으로 나누어 볼 수 있다.

2.2.1. 종류

산삼의 종류는 잎의 수와 가지의 수가 중요한 기준이 된다.

1) 잎의 수에 따라

(1) 세닙부치 · 삼재비 · 딸팽이 · 내피 · 외내피 · 외닙내피

산삼은 잎의 숫자에 따라 달리 칭한다. 산삼의 가지에 잎이 세 개 붙은 산삼을 세닙부치, 삼재비라고 한다. 또 이를 딸팽이라고도 하고, 세닙부치를 내피(內皮), 외내피, 외닙내피라고도 한다. 세닙부치 등의 용어는 씨에서 발아하여 세 잎이 난 1년생 산삼을 가리킨다.

(2) 네닙부치 · 사행

산삼 잎이 4개 나 있는 산삼을 네닙부치, 사행이라고 한다.

(3) 오행

산삼 잎이 5개 나 있는 산삼을 오행이라고 한다. 세닙부치, 네닙부치와 같은 형태의 다섯닙부치는 조사되지 않았다.

(4) 잎육구

보통 정상적인 산삼 잎은 다섯 개인데 다섯 잎에 잎이 하나 더 난 삼이

[그림 4] 세닙부치　　[그림 5] 네닙부치　　[그림 6] 오 행

간혹 발견될 수 있다. 이를 잎육구라고 한다.

2) 가지 수에 따라

산삼의 종류는 가지의 수가 중요한 기준이 된다. 산삼의 가지는 2~6가지로 각각 다르다. 가지를 구라고 한다.

(1) 각구

가지가 두 개인 산삼을 각구라고 한다. 각구는 두 가지에 모두 잎이 5개씩 다 달려 있는 산삼이 있고 그렇지 않은 산삼도 있다. 전자의 정상적인 산삼을 정각구라고 한다. 보통 각구라고 하면 정각구를 의미한다. 각구에는 정상적이지 않은 산삼도 있는데 이를 각구비리부치라 한다. 각구비리부치는 두 개의 가지 중에 한 가지는 잎이 5개가 다 형성되어 있지 않다.[3]

(2) 삼구

삼대 위의 가지가 세 개인 산삼을 삼구라 한다. 삼구는 세 가지를 의미하기도 한다.

(3) 사구

삼대 위의 가지가 네 개인 산삼을 사구라 한다. 사구는 네 가지를 의

---

3) 이하 비리부치는 2.2.1. 3) (2) 비리부치・죽절 참조

미하기도 한다.

(4) 오구

삼대 위의 가지가 다섯 개인 산삼을 오구라 한다.

(5) 육구

삼대 위의 가지가 여섯 개인 산삼을 육구라 한다.

(6) 육구만달

육구만달은 육구이면서 산삼의 열매인 다알이 풍성하게 달린 산삼이다. 육구만달의 가지는 여섯 개이고 가지마다 잎이 다섯 잎씩 달려서 전체 30개의 잎이 나 있으며, 열매는 풍성하게 달려 있다고 한다. 육구만달은 발견하기가 쉽지 않으며 그래서인지 육구만달에 대한 의미는 심마니마다 조금씩 차이가 있는 것으로 보인다.

[그림 7] 각구

[그림 8] 삼구

[그림 9] 사구

3) 엇잎

산삼은 잎이 다섯 개가 정상이고 가지는 두 개부터 여섯 개까지를 정상적인 산삼으로 볼 수 있다. 정상적이지 않은 산삼을 엇잎이라고 한다.

(1) 두루부치

① 칠구두루부치

엇잎 중에 가지가 비정상적으로 하나 더 생긴 것을 두루부치라고 한다.

두루부치에는 칠구두루부치가 있다. 칠구두루부치는 가지가 7개인 산삼이다.

(2) 비리부치 · 죽절

가지 중 하나에 5개의 잎이 다 달리지 않은 산삼을 비리부치라고 한다. 비리부치를 죽절이라고도 한다.

비리부치에는 각구비리부치, 삼구비리부치, 사구비리부치, 오구비리부치, 육구비리부치가 있다.

① 각구비리부치

각구비리부치는 가지가 두 개인데 가지 한 개에는 잎이 5개가 나 있고, 다른 가지에는 잎이 5개가 다 채워지지 않은 산삼을 각구비리부치라 한다.

② 삼구비리부치

삼구비리부치는 가지가 세 개인데 세 가지 중 한 가지에 잎이 5개가 다 달리지 못한 산삼이다.

③ 사구비리부치

사구비리부치는 가지가 네 개이고 네 가지 중 한 가지에 잎이 5개가 다 달리지 못한 산삼이다.

④ 오구비리부치

오구비리부치는 가지가 다섯 개에 잎이 다 달리지 못한 가지가 하나 있는 산삼이다.

⑤ 육구비리부치

육구비리부치는 가지가 6개이고, 잎이 다 달리지 못한 가지가 하나 있는 산삼이다.

[그림 10] 각구비리부처　　[그림 11] 삼구비리부처　　[그림 12] 오구비리부처

5) 쌍대

(1) 각구쌍대

각구는 가지가 두 개인 산삼인데 각구가 하나 더 있는 산삼을 각구쌍대라고 한다. 쌍대는 주로 장뇌삼에 나타난다.

(2) 삼구쌍대 · 삼쌍대

각구가 3개인 산삼을 삼구쌍대라고 한다.

(3) 사구쌍대 · 사쌍대

각구가 4개인 산삼을 사구쌍대라고 한다.

(4) 오구쌍대

각구가 5개인 산삼을 오구쌍대라고 한다.

(5) 육구쌍대

각구가 6개인 산삼을 육구쌍대라고 한다.

(6) 되뽀미

되뽀미는 인위적으로 토종인 삼씨나 토종 삼을 산에 직파하거나 옮겨 심은 산삼이다.[4] 되뽀미에는 루피되뽀미, 치산되뽀미가 조사되었다.

① 루피되뽀미

되뽀미의 종류는 어떤 삼을 옮겨 심었느냐에 따라 달라진다. 오행이나 각구를 옮겨 심은 삼을 루피되뽀미라고 한다.

② 치산되뽀미

내피를 옮겨 심은 삼을 치산되뽀미라고 한다.

6) 채취 시기

산삼의 종류는 채취 시기에 따라 분류할 수 있다.

(1) 춘메·고패심

채취 시기에 따라 봄에 채취된 산삼을 춘메라고 하고, 고패심이라고도 한다. 고패심은 싹을 막 틔운 산삼이나 고부라진 모양의 산삼을 의미하기도 한다.

(2) 춘채·황메

여름에 채취된 산삼은 춘채, 황메라고 한다.

(3) 궁중메·대궁메·백메·추채

가을에 캐는 산삼은 궁중메, 대궁메, 백메, 추채라고 한다.

(4) 서리메

겨울에 채취된 산삼을 서리메라고 한다.

(5) 동삼·동자심

겨울에 채취된 산삼을 동삼, 동자심이라고 하는데 동자심은 어린아이처럼 생긴 산삼을 가리키기도 한다.

---

4) 되뽀미는 박만구씨 제보에 따른 것이다.

7) 채취 수량

채취할 때 산삼의 수량에 의한 산삼 하위어가 있다. 산삼은 보통 한 번에 많이 발견된다. 한꺼번에 많이 나온 산삼을 떼심, 마당삼, 퍽삼, 포기삼, 줄삼(줄심)이라고 한다. 홀로 하나가 발견되는 산삼을 각심, 외삼이라고 한다.

(1) 떼심 · 마당삼

떼심, 마당삼은 산삼이 무더기로 많이 발견된 산삼이다.

(2) 퍽삼 포기삼

퍽삼과 포기삼은 두 어휘가 같은 의미로 3~5포기의 산삼이 한 군데에서 나온 산삼을 일컫는다.

(3) 줄삼 · 줄심

줄삼(줄심)은 산 위에서부터 산삼 큰 것부터 작은 소생에 이르기까지 줄지어서 발견된 산삼이다.

(4) 각심

홀로 발견된 산삼은 각심이라고 한다.

(5) 외삼

산에 삼이 외따로 떨어져 있는 산삼을 외삼이라고 한다.

8) 장소

(1) 밭둑삼

산삼의 채취 장소에 따른 산삼 하위어가 하나 조사되었다. 산삼이 특이하게 밭둑에서 발견되는 경우가 있다. 이를 밭둑삼이라고 한다.

9) 산삼의 모양

산삼의 모양에 따른 산삼의 하위어가 있다. 조사된 어휘에는 거미심, 밤심, 채심이 있다.

(1) 거미심

주근이 세 개인 것으로 마치 거미처럼 생긴 산삼을 거미심이라고 한다.

(2) 밤심

주근이 밤처럼 동그랗게 생긴 산삼을 밤심이라고 한다.

(3) 채심

주근이 길쭉하게 생긴 산삼을 채심이라고 한다.

10) 산삼의 상태

산삼의 상태에 따른 산삼의 하위어도 있다.

(1) 상삼

산삼의 질적인 상태에 따라 크고 좋은 산삼을 상삼이라고 한다.

(2) 파심

뿌리가 망가졌거나 갈라진 산삼을 파심이라고 한다.

(3) 죽삼

산삼 중에 싹대가 없는 산삼은 죽삼이라고 한다.

(4) 쭉

산삼의 일부분이 붉게 된 것을 쭉이라고 한다. 쭉이 난 것을 피가 붙었다고도 표현한다.

(5) 죽절

산삼의 뇌 부분에 대나무처럼 마디가 생긴 산삼을 죽절이라고 하는데, 주로 장뇌삼에서 많이 발견된다.

(6) 따그랭이 · 씨나리 · 삼씨알

씨가 자란 상태의 산삼을 따그랭이라고 하며, 또 씨나리, 삼씨알이라고 한다. 이는 산삼 씨 자체를 의미하기도 한다.

11) 연수

산삼의 연수에 따라서 어린 삼과 늙은 삼으로 나누어 조사되었다.

(1) 노삼

삼의 연수에 따라 늙은 산삼은 노삼이라고 한다. 어느 정도 연수가 되어야 노삼이라고 하는지 기준은 정확치 않다.

(2) 엇삼

삼의 연수가 어린 삼은 엇삼이라고 한다. 엇삼은 약효가 약한 어린 삼을 일컫는 것으로 어린아이에게 먹일 정도로 약 성분이 약한 삼이라는 뜻이다.

(3) 소생

큰 산삼 밑에 떨어져 자란 어린 산삼은 소생이라고 한다.

2.2.2. 부분

산삼의 부분명칭을 살펴보기로 한다.

1) 잎

(1) 삼잎

산삼의 잎을 삼잎이라고 한다.

(2) 솔

산삼의 잎에는 가시가 있는데 이를 솔:이라고 한다. 잎에 솔:이 많은 산삼을 더 좋은 산삼으로 여긴다.

[그림 13] 삼 전체 모습

[그림 14] 삼잎

[그림 15] 솔(삼잎 위)

2) 열매

(1) 다알 · 달실이 · 쫑 · 마루종 · 다알송이

산삼의 열매는 다알이라고 한다. 다알을 달실이, 쫑, 마루종이라고도 한다. 다알 전체를 다알송이라 한다. 쫑은 꽃봉오리를 나타내기도 한다.

[그림 16] 다알   [그림 17] 오구에 열린 다알

(2) 엇달 · 젓솔배기

쫑대가 여러 가지인 엇쫑대에 다알이 열린 것을 엇달이라고 한다. 엇달을 젓솔배기라고도 한다.

3) 엇쫑

꽃대가 여러 가지인 엇가지에 핀 꽃은 엇쫑이라고 한다.

4) 심대 · 삼대

심의 줄기 전체를 심대, 또는 삼대라 한다.

(1) 자주대

6월 지나서 자주 색으로 변한 삼대를 자주대라고 한다.

(2) 청대

청색의 산삼 줄기는 청대라 한다.

(3) 쫑대·솔대·솔쫑이

열매, 꽃, 종자가 달리는 줄기를 쫑대, 솔대, 솔쫑이라고 한다.

(4) 옥가지·옥대

가지의 모양에 따른 어휘가 조사되었다. 가지가 오그라져 있는 가지를 옥가지, 옥대라고 한다.

(5) 활대

가지가 나누어진 부분부터 잎이 난 부분까지를 활대라고 한다.

(6) 삼문

가지가 벌어진 간격이 다른 가지의 간격에 비해 넓은 쪽을 삼문이라고 한다. 삼문이 열렸다라고 표현한다. 심마니들은 삼문의 방향에서 씨가 날라 왔다고 생각한다.

[그림 18] 삼대 (자주대)

[그림 19] 쫑대

[그림 20] 활대

5) 엇가지

엇가지는 꽃대가 여러 가지인 것이다.

6) 뿌리

산삼의 뿌리 부분은 뇌두, 주근, 미로 나눌 수 있다. [그림 21]참조.

(1) 뇌두·뇌·두

뇌두 부분은 뿌리의 가장 윗부분으로서 산삼 뿌리 부분 중에 몸통 위에 있는 머리 부분이다. 머리 부분은 두 부분으로 나뉘는데 뇌와 두이다. 뇌가 가장 위쪽 부분이고 그 바로 아래 부분이 두이다. 두 부분을 합쳐서 뇌두라고 한다.

① 오디

뇌두는 오디라고도 한다.

② 오디가리

뇌두 부분의 싹이 나지 않는 눈을 오디가리라 한다.

[그림 21] 뿌리(① 뇌두, ② 주근, ③ 미)

③ 참뇌두

생김새에 따라 잘 생긴 뇌두는 참뇌두라고 한다.

④ 죽절뇌두

대마디처럼 큰 마디가 생긴 뇌두를 죽절뇌두라고 한다.

⑤ 뇌두가리

죽은 뇌두는 뇌두가리라고 한다.
⑥ 턱수
뇌두 부분에서 잔뿌리가 나는 경우가 있는데 이 잔뿌리를 턱수라고 한다.
⑦ 비녀꼭지
내년에 싹이 나올 부분으로 뇌두 부분에 난 돌기를 비녀꼭지라고 한다.
⑧ 메
비녀꼭지에는 약통에 돌아간 띠가 있는데 이 띠를 메라고 한다. 메가 돌아갔다고 표현한다.

(2) 주근 · 체 · 약통

산삼 뿌리의 가장 중심 부분이 되는 곳으로 그 전체를 체 또는 주근이라고 한다. 산삼의 중심 뿌리를 약통이라고도 하는데 이는 약성분이 많은 뿌리의 중심이라는 의미이다.

[그림 22] 주근

① 가락지 · 메
약통 부분에 가락지를 낀 것 같이 생긴 주름을 가락지 또는 메라고 한다.
② 옥주
약통 부분에 붙어 있는 혹을 옥주라고 한다.

(3) 미

주근, 뿌리의 몸체 부분의 아래 뿌리를 미라고 한다. 미의 부분 명칭 어휘와 하위어가 조사되었다. 먼저 부분 명칭어휘에는 장미, 지근, 세근미(세미), 귀부리, 진주걸창이 있고 미의 하위어에는 몰미와 장미의 하위어에 쭉다리가 있다.

① 장미
주근에서 나온 긴 뿌리는 장미라고 한다.
② 지근
장미에서 가지 모양으로 난 뿌리는 지근이라고 한다.
③ 세근미 · 세미
지근에서 나온 더 가는 뿌리는 세근미, 또는 세미라고 한다.
④ 귀부리
세근미에 붙어서 난 더 가는 뿌리는 귀부리라고 한다.
⑤ 진주걸창
뿌리 부분에 난 돌기는 진주걸창이라고 한다.
⑥ 물미
미 중에서 여물지 않는 뿌리는 물미라고 한다.
⑦ 쭉다리
주근에서 나온 장미가 굵으면서도 길게 내려간 뿌리를 쭉다리라고 한다.
⑧ 몰미
지근에서 좌우로 맞대어 뻗어나간 잔뿌리를 몰미라고 한다.

[그림 23] 미

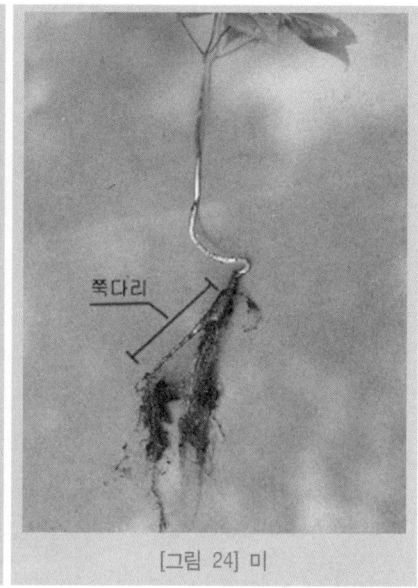

[그림 24] 미

2.2.3. 산삼의 상태

산삼의 상태에 해당하는 몇 가지 표현이 있다.

1) 삼이 돌다

산삼의 체부분에 털이 난 것을 삼이 돌았다고 표현한다. 뇌두에 잔뿌리가 난 것은 턱수라고 한다. 즉 심마니들은 잔뿌리가 난 부위에 따라 그 잔뿌리를 다르게 부르는 것을 확인할 수 있다.

2) 띠적나다

산삼이 무더기로 나오면 띠적났다고 한다. 앞서 산삼의 채취 수량에 따

라 한꺼번에 많이 발견된 산삼에
대한 어휘에는 마당삼(심), 줄삼(심),
펵삼, 포기삼 등이 있다.

[그림 25] 자충 먹은 잎

3) 똑떨어지다

  산삼이 쭉다리처럼 지근이 굵게
나가지 않고 주근에서 잔뿌리 정
도만 난 상태를 삼이 똑떨어졌다
고 한다. 심마니는 똑떨어진 산삼을 좋은 산삼으로 여긴다.

4) 잘되다

  산삼이 잘 생긴 것을 삼이 잘됐다라고 한다.

2.3. 한삼

  심마니들이 산삼을 채취하기 위해 산에 들어가서 나오기까지의 기간을
한삼이라고 한다.

2.3.1. 3일 한삼

  3일 동안 산에 들어가 산삼을 캐는 것을 3일 한삼이라고 한다.

2.3.2. 7일 한삼

7일 동안 산에 들어가 산삼을 캐는 것을 7일 한삼이라고 한다.

2.3.3. 9일 한삼

9일 동안 산에 들어가 산삼을 캐는 것을 9일 한삼이라고 한다.

2.4. 도구

심마니들이 사용하는 도구를 크게 채삼 도구, 측량 도구, 취사 도구 세 가지로 나눌 수 있다. 심마니들은 산삼을 캐기 위한 채삼 도구를 준비해야 하고, 산삼을 캐러 가서 취사를 해야 하기 때문에 간단한 취사 도구를 구비해야 한다. 또한 산삼을 캐 오면 저울에 측량을 하기 때문에 측량 도구가 필요하다.

2.4.1. 채삼 도구

채삼 도구는 산행이나 산삼을 캘 때 필요한 도구를 가리킨다.

1) 마대

심마니는 산행을 할 때나 수풀 속에 가려져 있는 산삼을 찾아 뒤적일

때 마대라는 지팡이를 사용한다. 마대는 손잡이 부분에 옹이가 몇 개가 나 있느냐에 따라 산삼을 구분하는 것처럼 삼구마대, 사구마대, 오구마대, 육구마대라고 부른다.

(1) 삼구마대

마대의 손잡이 부분에 옹이가 3개 나 있는 마대를 삼구마대라고 한다. 삼구마대는 손잡이 부분이 삼구처럼 생긴 마대이다.

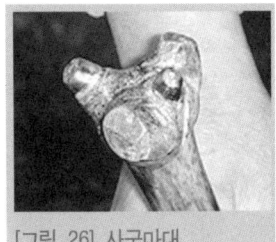
[그림 26] 사구마대

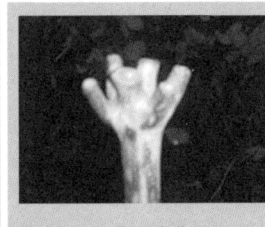
[그림 27] 육구마대

[그림 28] 마대 사용 모습

(2) 사구마대

마대의 손잡이 부분에 옹이가 4개 나 있는 마대를 사구마대라고 한다.

(3) 오구마대

마대의 손잡이 부분에 옹이가 5개 나 있는 마대를 오구마대라고 한다.

(4) 육구마대

마대의 손잡이 부분에 옹이가 6개 나 있는 마대를 육구마대라고 한다.

2) 주루먹 · 홀치기 · 태기

심마니들이 산행에 필요한 여러 가지 물건이나 도구를 넣을 수 있는 망태기를 주루먹, 홀치기, 태기라고 한다.

(1) 재료

망태기를 만드는 재료는 피나무 껍질이다.

① 피올

피나무의 껍질을 탈피해서 쪼갠 것을 피올이라고 한다.

② 핏날·날

피나무를 엮어서 만든 줄을 날, 핏날이라고 한다.

(2) 제작 과정

① 태기치다

나무 껍질을 돌에 두들겨서 보푸라기가 일게 한 후 겉껍질을 벗긴다. 보푸라기를 일게 하는 것을 태기친다고 한다.

② 통피하다

겉껍질을 벗기는 것을 통피한다고 한다.

③ 탈피하다

겉껍질에서 속껍질을 벗기는 것을 탈피한다고 한다.

[그림 29] 통피

[그림 30] 탈피

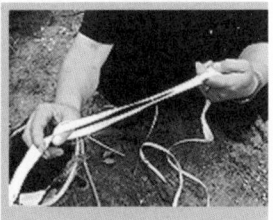
[그림 31] 피올 만들기

(3) 제작도구

① 자새·자새틀

망태기의 피나무 껍질을 잇는 도구를 자새, 자새틀이라고 한다.

② 메나무틀

피날을 고두레돌에 감아서 메나무틀에서 주루먹을 엮게 된다.

(4) 망태날줄·망태줄·망태날

망태를 만드는 줄을 망태날, 망태날줄, 망태줄이라고 한다.

[그림 32] 망태기 (윗부분)

[그림 33] 망태기 (앞부분)

[그림 34] 망태기 (뒷부분)

[그림 35] 망태기 (아랫부분)

① 가름날

망태기의 부분 명칭으로 망태기의 가로 날을 가름날이라고 한다.

② 선날

망태기의 부분 명칭으로 망태기의 세로줄을 선날이라고 한다.

③ 망태고리

망태입구를 봉하기 위해 끈을 꿰어놓는 고리를 망태고리라고 한다.

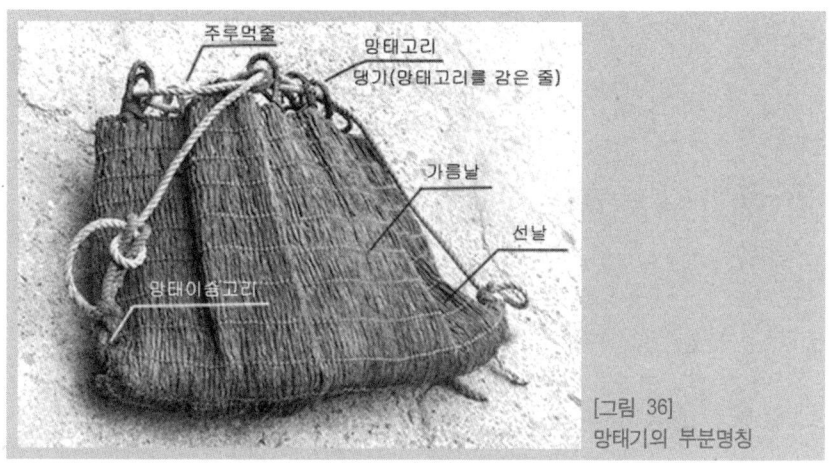

[그림 36]
망태기의 부분명칭

④ 망태이슴고리
망태기 아래 쪽에 있는 고리를 망태이슴고리라고 한다.
⑤ 댕기
망태고리 감은 끈을 댕기라고 한다.
⑥ 주루먹줄
주루먹 입구를 아무리는 줄을 주루먹줄이라고 한다.

3) 지댓짐
주루먹, 홀치기, 태기보다 더 큰 꾸러미를 지댓짐이라고 한다.

4) 글띠기
심마니들은 톱을 글띠기라고 한다. 산삼을 캐기 위해서 다른 식물의 뿌리를 걷어 내거나 모둠을 지을 때 필요한 나무를 마련할 때 필요한 도구이다.

5) 찍메 · 아람채 · 잘메
심마니는 도끼를 찍메, 아람채, 잘메라고 한다.

6) 감재비
심마니는 낫을 감재비라고 한다.

2.4.2. 측량 도구

캔 산삼을 측량하는 저울을 은행저울이라고 한다.

1) 은행저울대
저울의 윗부분에 있는 나무를 은행저울대라고 한다.

2) 안끈
저울에서 안쪽에 있는 끈을 은행저울 안끈이라고 한다.

3) 은행저울판
저울에서 산삼을 올려놓는 판을 은행저울판이라고 한다.

4) 은행저울추
저울에서 산삼의 무게를 달기 위한 저울추를 은행저울추라고 한다.

5) 은행저울집

그 저울을 넣어 두는 곳을 은행저울집이라고 한다.

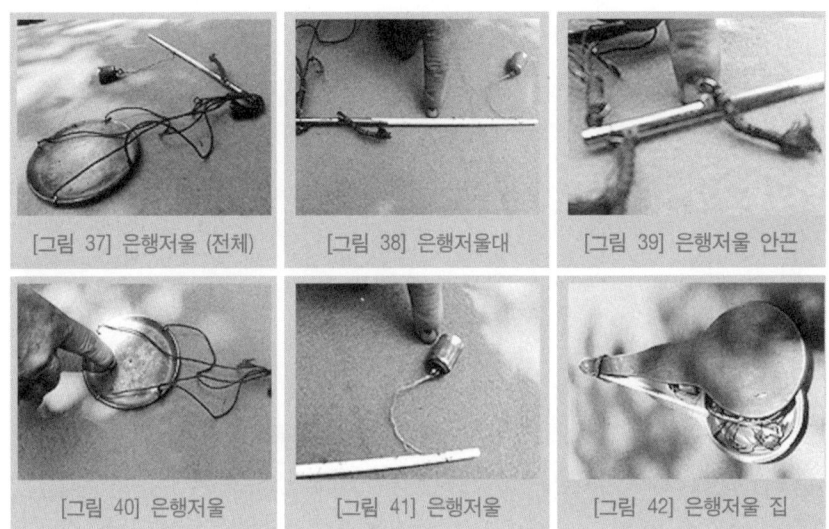

[그림 37] 은행저울 (전체)   [그림 38] 은행저울대   [그림 39] 은행저울 안끈

[그림 40] 은행저울   [그림 41] 은행저울   [그림 42] 은행저울 집

2.4.3. 취사 도구

산행에서 취사는 매우 중요하다. 취사 도구들에 대한 은어를 살펴볼 수 있다.

1) 그데 · 도자

먼저 심마니들은 칼을 그데, 또는 도자라고 한다.

2) 반지미

심마니들은 냄비를 반지미라고 한다.

3) 새옹

심마니들은 밥 지을 때 쓰는 솥을 새옹이라고 부른다.

4) 우렝이

심마니들은 뚝배기를 우렝이라고 한다.

5) 넙추리

심마니들은 바가지를 넙추리라고 한다.

6) 죽복·죽대

죽복 또는 죽대는 쌀을 씻을 때 쌀을 휘젓는 도구이다. 손으로 쌀을 씻으면 부정이 탈 수 있기 때문에 죽복을 사용한다고 한다.

7) 올림대·산재까치

심마니들은 숟가락을 올림대, 젓가락을 산재까치라고 한다.

[그림 43] 죽대(긴 것)와 산재까치(짧은 것)

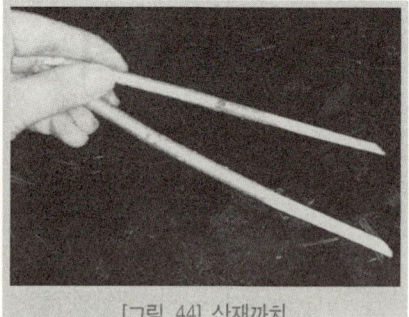

[그림 44] 산재까치

2.5. 물품

2.5.1. 식품

심마니가 산에서 먹는 음식은 간단하다. 제사를 지내는 음식은 산에서 지어 올리는 것이기 때문에 정성껏 올리기는 하나 소박한 경우가 많다. 그래서 식품과 관련된 심마니의 은어가 다양하지는 않다.
심마니가 사용하는 식품에 관련된 은어를 살펴보면 다음과 같다.

1) 숨 · 숨탕
  심마니들은 물을 숨, 숨탕이라고 한다.

2) 모새미 · 모새 · 미
  심마니들은 쌀을 모새, 모새미, 미라고 한다.

3) 새옹미 · 새옹밥
  심마니들은 산신께 바치는 밥을 짓기 위한 쌀을 새옹미라고 한다. 밥은 메라고 하며 산신께 바치려고 지은 밥을 새옹밥이라고 한다.

4) 햄세 · 건건이
  심마니들은 김치를 햄세라 하며 물김치를 건건이라고 한다.

5) 지실

심마니들은 감자를 지실이라고 한다.

6) 폄

심마니들은 떡을 폄이라고 한다.

7) 질·감사

심마니들은 간장, 된장을 질이라고 하고 된장만을 감사라 한다.

8) 곰소·백사

심마니들은 소금을 곰소 또는 백사라 한다.

9) 오반

심마니들은 점심을 오반이라고 한다.

[그림 45] 새옹밥 뜨는 모습

[그림 46] 죽대로 모새미 씻는 모습

2.5.2. 의류

1) 더제비 · 더그레

심마니어에서 의류에 해당하는 은어는 다양하지 않다. 웃옷에 해당하는 은어는 더제비이고 적삼은 더그레이다.

2) 추제비

바지에 해당하는 심마니 은어는 추제비라고 한다.

3) 덥장 · 줄거리

비옷에 해당하는 심마니 은어는 덥장, 줄거리이다.

4) 두데기

심마니들은 두데기라는 덮개, 이불도 있다.

5) 디디미 · 설피

여름용 신발을 디디미라고 하고 겨울용 신발을 설피라고 한다. 설피는 일반적으로 사용하는 용어이다.

2.5.3. 기호품

1) 연초 · 화심

담배와 동전에 해당되는 은어가 있다. 심마니들은 담배를 연초, 화심이라고 한다.

2) 당황

심마니들은 성냥을 당황이라고 한다.

2.5.4. 땔감

1) 심팽이

심마니들은 부지깽이용으로 만들기 위해서 또는 땔나무용으로 꺾는 나무를 심팽이라고 한다.

2) 자래나무 · 자랫대 · 땔자래

모닥불 피울 나무를 자래나무라 한다. 불 피울 나무는 자랫대라고 한다. 땔나무는 땔자래라고 한다.

2.5.5. 진대 · 들미 · 지대

죽은 나무를 진대라고 하고 생나무를 들미라고 한다. 살아 있는 큰 나

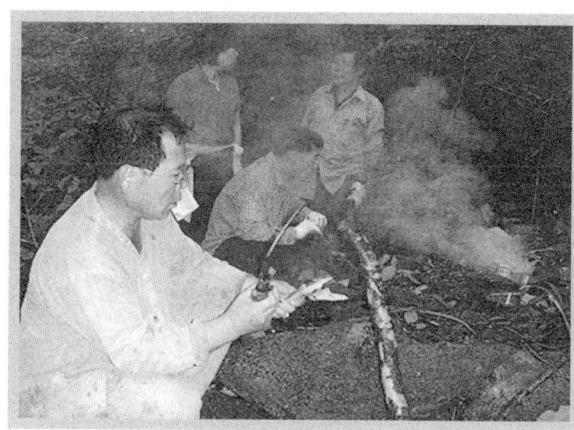

[그림 47]
심팽이를 꺾어 다알을 일
구는 모습

무는 지대라고 한다.

2.5.6. 밑절미 · 딸거랭이

심마니들은 용돈이 아주 조금 남은 것을 밑절미라고 한다. 엽전 동전을 딸거랭이라고 한다.

2.6. 신호

심마니들은 산행을 하면서 마대를 나무에 쳐서 그 울리는 소리로 서로의 위치를 확인했다. 또한 산삼을 캔 자리를 표시하기 위해 산삼이 발견된 자리에서 가까운 나무의 가지 사이에 돌을 끼워 두거나 산삼이 발견된 장소에 돌을 쌓아 두었다.

2.6.1. 심마니 위치신호

1) 마대울림 · 마대곰

  심마니들의 산행은 여러 심마니들이 함께 하는 경우가 대부분인데 이 때 서로의 위치를 알리기 위해 마대라는 지팡이로 나무를 두들긴다. 이러한 신호 행위를 마대울림 또는 마대곰이라고 한다.

2) 고목하다 · 흑저구고목하다

  마대울림을 고목한다고도 한다. 고목은 소리를 의미한다. 까마귀 울음 소리를 흑저구고목한다라고 한다.

2.6.2. 산삼자리 신호

1) 메추리표

  심마니들의 신호 중에 산삼 캔 자리를 표시하기 위해 산삼을 발견한 위치에 돌무더기를 쌓아 놓는다. 이 표시를 메추리표라고 한다.

2) 확자리표

  산삼을 캔 구광자리를 표시하는 다른 방법으로, 가지 사이에 돌을 끼워 놓는 표시 방법도 있다. 이를 확자리표라고 한다. 찌기 끼운다라고도 표현한다.

[그림 48] 찌기

[그림 49] 확자리표

2.7. 자연

2.7.1. 식물

1) 들미 · 지대

심마니들은 살아있는 나무를 들미라고 하고 아주 큰 나무를 지대라고 한다.

2) 넘추리

심마니들은 낙엽을 넘추리라고 한다.

3) 초산이

심마니들은 풀을 초산이라고 한다.

4) 도롱이

심마니들은 다래를 도롱이라고 한다.

2.7.2. 동물

심마니들은 산에서 많은 동물들을 만나게 된다. 그래서인지 동물에 대한 심마니 은어가 많은 편이다.

우선 가축에 해당되는 돼지, 소, 닭, 개의 은어와 산에서 만나는 맹수나 곤충류, 조류에 대한 은어를 볼 수 있다.

1) 꺼매기 · 쿨쿨이 · 도치

심마니들은 돼지를 꺼매기, 쿨쿨이, 도치라고 한다.

2) 웅어지 · 누래기

심마니들은 소를 웅어지, 누래기라고 한다.

3) 너플개 · 마당꿩

심마니들은 닭을 너플개, 마당꿩이라고 한다.

4) 마당너구리

심마니들은 개를 마당너구리라고 한다.

5) 산개 · 손님

심마니들은 호랑이를 산개나 손님이라고 한다.

6) 진대 · 점잖은 짐승

심마니들은 뱀을 진대, 점잖은 짐승이라고 한다.

7) 넙대

　심마니들은 곰을 넙대라고 한다.

8) 흑저구

　심마니들은 까마귀를 흑저구라고 한다.

9) 돌찌래미

　심마니들은 다람쥐를 돌찌래미라고 한다.

10) 껑충마니

　심마니들은 노루를 껑충마니라고 한다.

11) 애아리

　심마니들은 벌을 애아리라고 한다.

12) 자충

　심마니들은 벌레를 자충이라고 한다.

13) 방생

　산짐승이 돌아다니는 것을 방생이라고 한다.

2.7.3. 무생물

1) 멍챙이 · 찌기

심마니들은 산에서 돌을 이정표로 삼기도 하고, 산삼을 캐내는데 걸림돌로 생각하기도 한다. 돌에 대한 은어는 멍챙이, 찌기가 있다.

2) 멍덩이

심마니들은 큰 돌을 멍덩이라고 한다.

2.8. 장소

2.8.1. 모둠

심마니들이 산에 지은 움집, 움막, 초막을 모둠이라고 한다. 모둠을 지을 터를 모둠터라고 한다.

1) 모둠의 종류

모둠에는 여러 가지 종류가 있다.
우선 모둠의 재료에 따라 능에모둠과 진풀모둠으로 나눌 수 있고 모둠의 모양에 따라 찌개모둠, 흘림모둠으로 나눌 수 있다.

(1) 능에모둠
능에모둠은 나무껍질로 만든 모둠이다.

(2) 진풀모둠

진풀모둠은 풀을 이용하여 만든 모둠이다.

(3) 찌개모둠

뾰족하게 산처럼 지은 모둠을 찌개모둠이라고 한다.

(4) 흘림모둠

한쪽을 사선으로 지은 모둠을 흘림모둠이라고 한다.

[그림 50] 흘림모둠

(5) 풋막

경험이 없는 심마니가 대충 지은 모둠은 풋막이라고 한다.

(6) 평지모둠 · 평모둠

심마니들이 사는 집은 평지모둠, 평모둠이라고 한다.

2) 모둠의 부분명칭

(1) 지줏대

모둠의 재료는 보통 가까이에서 구할 수 있는 나뭇가지와 나뭇잎을 이용한다. 먼저 모둠을 지을 때 모둠을 지탱해 주기 위해 나무를 세우는데 그 나무를 지줏대라고 한다.

(2) 마릿대

두 개의 지줏대에 가로 질러 올려진 대를 마릿대라고 한다.

(3) 흘림대

마릿대에 세로로 비스듬히 내려 걸쳐 놓는 대를 흘림대라고 한다.

(4) 거릿대

다시 흘림대에 가로로 걸쳐 놓은 대를 거릿대라고 한다.

(5) 눈깽기

모둠의 대와 대를 연결하기 위해 묶는 끈은 눈깽기라고 한다.

(6) 진풀 · 진초

모둠의 얼개를 완성하면 그 위에 올려 놓은 풀을 진풀, 진초라고 한다. 진풀, 진초를 올리면 모둠이 완성된다.

[그림 51] 지줏대 세우기

[그림 52] 마릿대 올리기

[그림 53]
마릿대가 올라간 모습

[그림 54]
흘림대를 올린 모습

[그림 55]
진풀을 얹어 완성

2.8.2. 산삼자리

1) 확

심마니들은 땅을 확이라고 한다.

2) 생자리

산삼이 처음 발견된 장소를 생자리라고 한다.

3) 심자리 · 구광자리

산삼을 캔 자리를 심자리, 구광자리라고 한다.

4) 확구덩이(꾸뎅이) · 확자리

산삼을 캔 자리를 나타내는 것으로 확꾸뎅이나 확자리가 있다. 구광자리도 산삼이 발견된 자리이기는 하나 확꾸뎅이나 확자리보다는 넓은 영역의 자리를 나타내고 확꾸뎅이나 확자리는 구광자리보다는 좁은 영역의 자리를 나타낸다.

5) 두둑시라

두둑시라는 산삼이 여러 개 있는 생자리를 나타낸다.

6) 떼심밭

산삼이 많이 나온 자리를 떼심밭이라고 한다.

2.8.3. 산

심마니들은 산에서 거의 살다시피 한다. 심마니 용어 중에 계곡이나 골짜기 등 산에 대한 은어가 많다.

1) 산 전체

산에 대한 은어를 살펴보도록 한다.

(1) 대산

심마니들은 산삼을 캐기 전 산삼이 많이 나올 산인지 아닌지 산세를 보고 결정을 하는데 이를 대산이라고 한다.

(2) 사산

산삼이 안 나오는 산을 사산이라고 한다.

(3) 손산

두 개의 산 옆으로 이어 붙은 산을 손산이라고 한다.

(4) 자산

큰 산 옆에 연이어 있는 산을 자산이라고 한다.

(5) 조산

옆으로 작은 산을 거느린 산을 조산이라고 한다.

(6) 도국

산의 전체 형세를 도국이라고 한다.

[그림 56] 대산하는 모습

2) 산의 부분

(1) 계곡물

① 상탕 · 중탕 · 하탕

계곡물 중 윗부분의 물을 상탕이라고 하고, 계곡물 중 가운데 부분의 물은 중탕이라고 하며, 계곡물 중 아래 부분의 물을 하탕이라고 한다.

② 옥류수·정화수

계곡물이 위로 치오르는 물을 옥류수라고 하고, 내려오는 물을 정화수라고 한다.

③ 숨가·숨탕까

물가를 숨가, 숨탕까라고 한다.

④ 삼샘모두부치·삼샘물내치

두 골짜기에서 내려오는 물이 한 곳에 모이는 곳을 삼샘모두부치, 삼샘물내치라고 한다.

⑤ 물내치기

산에서 물이 흘러 내려오는 끝자락을 물내치기라고 한다.

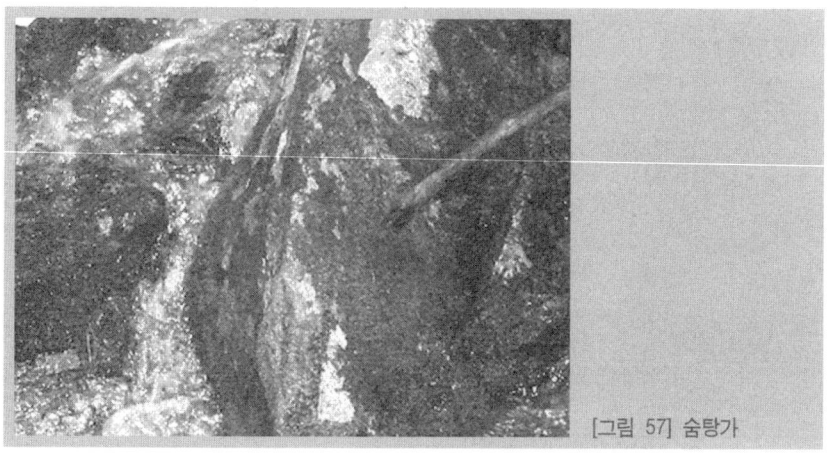

[그림 57] 숨탕가

(2) 골랭이

골짜기에 해당하는 은어도 있다. 골짜기를 골랭이라고 한다. 산 골짜기를 배운성이라고도 한다.

① 밑창·안창

밑에 있는 골짜기를 밑창이라고 하며, 안골짜기를 안창이라고 한다.

② 고분성 · 사두혈

산 정상을 고분성이라고 한다. 산에서 짐승이 넘나드는 길목을 사두혈이라고 한다.

(3) 날망 · 능날망 · 부종

산 능선에 대한 은어도 있다. 능선을 나타내는 날망, 능날망이 있고, 산 능선이 끝난 지점을 부종이라고 한다.

(4) 모롱가지 · 아롱가지

산모퉁이를 나타내는 은어에는 모롱가지, 아롱가지가 있다. 모롱가지는 위쪽에 있는 산모퉁이이고, 아래 쪽에 있는 산모퉁이는 아롱가지라 한다.

(5) 도술 · 진펄

산에 있는 길을 도술이라고 하고, 습지를 진펄이라고 한다.

2.9. 제례

심마니들은 산을 섬긴다. 산에 있는 신들이 자신을 돌보며, 산삼을 캘 수 있게 한다고 믿는다. 그들은 산삼을 캐기 위해 산에 오르면 반드시 산신을 모시는 제사를 올린다.

2.9.1. 제사의 종류

제사의 종류에는 산중제사와 수배제와 어인마니제 등이 있다.

1) 산중제사

심마니들이 입산하였을 때 어인마니의 지시에 따라 산신령에게 드리는 제사를 산중제사라 한다.

2) 수배제

산신령의 사자를 수배라고 하는데 그 수배를 기리는 제사를 수배제라고 한다.

3) 어인마니제

어인마니를 기리는 제사를 어인마니제라고 한다.

2.9.2. 신의 종류

1) 존신

제사에서는 여러 신을 모시는데, 산에 있는 신을 존신이라고 한다.

2) 신장마니

산신을 신장마니라고도 한다.

3) 고양마니

제사를 받아 먹은 산신은 고양마니라고도 한다.

4) 후토
후토는 토지를 맡아 다스린다는 신이다.

5) 막신할머니
모둠에 있는 신을 막신할머니라고 한다.

6) 수배
산신령의 사자를 수배라고 한다.

2.9.3. 당

1) 산신당 · 당
모둠 옆에 산신이 머물 작은 모둠을 만든다. 산신을 모신 이 작은 모둠을 산신당, 당이라고 한다. 당을 만드는 것을 당을 일군다라고 한다.

2) 구당
예전부터 있던 산신 모신 자리는 구당이라고 한다.

3) 신당
지금 막 차려 놓은 산신 자리는 신당이라고 한다. 제사를 올릴 때 신당을 모시고 예물과 음식을 올린다.

4) 신막

당 위에 설치된 막은 신막이라고 한다.

5) 정화수 · 촉

신께 올리는 깨끗한 물은 정화수라고 하고 촛불은 촉이라고 한다.

[그림 58] 당 옆면
[그림 59] 당 정면
[그림 60] 당 일구기
[그림 61] 당 일구기

2.9.4. 제문

제사를 지낼 때 올리는 제문에는 여러 종류가 있다.

1) 입산 문서

　입산해서 제사를 지내는데 입산 제사를 지낼 때 읽는 제문을 입산 문서라 한다.

2) 산신경

　저녁에 산신에게 축사하는 제사를 지내는데 그 때 읽는 제문을 산신경이라고 한다.

3) 축사 문서

　밤에 자기 전에 악한 것을 물리치는 제사를 지낸다. 이때 읽는 제문을 축사 문서라고 한다.

4) 고사문서

　산삼을 얻어서 고사를 지낼 때도 제문을 읽는다. 이때 읽는 제문을 고사 문서라 한다.

5) 올림지

　제사 때 올리는 종이를 올림지라고 한다.

[그림 62] 고사 문서

[그림 63] 촉

2.9.5. 예단

1) 도시미 · 도시레미

제사 때 올리는 예단을 도시미 또는 도시레미라고 한다.

2) 예단지 · 예단띠

예단을 주로 창호지로 대신하는데 예단지, 예단띠라고 한다.

(1) 예단대

예단지, 예단띠를 걸어 놓는 대를 예단대라고 한다.

(2) 비녀

예단대에 걸려 있는 예단지가 날아가지 않게, 집게처럼 만든 나무를 옆으로 꽂아 두는데 이를 비녀라 한다.

[그림 64] 예단대에 예단을 걸어놓은 모습   [그림 65] 비녀를 꽂은 모습

2.9.6. 제물

1) 도치말
심마니들은 제물용 돼지를 도치말이라고 한다.

2) 봉
제물용 닭은 봉이라고 한다.

3) 웅어지말
제물용 소를 웅어지말이라고 한다.

4) 공미
제사 때 쓰는 쌀을 공미라 한다.

5) 노구메 · 무루미
공미로 산신에게 지어 올리는 제삿밥을 노구메, 무루미라고 한다.

6) 어릿광주

산신께 드리는 술은 특별히 만들어 올리는 술이 있는데 이 술을 어릿광주라고 한다. 박만구 제보자의 음성 그대로 옮겨 놓으면 다음과 같다.

"어릿광주는 인제 보통 광솔로 된 그 소나무 광술, 광술루 된 나무를 홈을 파서 자웅이라 그러죠 암수로 얘기를 표현을 할까요, 그래서 인제 반을 잘라서 홈을 파고 거기다 술 만드는 재료를 넣고 다시 뚜껑을 덮어서 어 새나오지 않도록 마무리를 잘 해주고. 그러구 인제 그 제당 옆에 한 삼일에서 오일 그 기온에 따라서 맞춰가주고 술이 익을 수 있게끔 미리 술을 담아놨다가 산제 때 제주로도 활용을 하는거야, 제주의 술로. 그것을 인제 어릿광주라 그래서 어 지금도 인제 그렇게 하는 경우는 가끔씩 있어요."

7) 빈절

모둠 지을 때 절을 하는데 이때 하는 절을 빈절이라고 한다.

8) 고배하다

산신께 절하는 것을 고배한다고 한다.

9) 당 모시다

산제사를 지낼 때 산신을 자리에 모시는 행위를 당 모신다고 한다.

[그림 66] 고 배

2.10. 분배 방식

심마니들은 여럿이 산에 오르기 때문에 일행 중 누군가가 산삼을 채취하면 산삼을 어떻게 분배할지의 문제가 생긴다. 그래서 심마니들은 미리 산에 오르기 전 분배 방식을 정하고 오르게 된다.

2.10.1. 분배 방식의 종류

분배 방식의 종류에는 각메, 독메, 동메, 원앙메가 있다.

1) 각메 · 독메

각메, 독메는 산삼을 채취하면 채취한 사람이 산삼을 차지하는 분배 방식이다.

2) 동메 · 원앙메

동메, 원앙메는 산삼을 캔 사람이 같이 간 사람들과 산삼을 나눠 갖는 분배 방식이다. 대부분은 동메나 원앙메의 분배 방식을 취하나 발견한 심마니나 경험이 많은 심마니에게 더 많은 지분을 주기도 한다.

2.11. 상태

2.11.1. 사람의 상태

1) 논달치다

심마니어에는 사람의 상태를 나타내는 말도 있다. 산에서 피를 흘리거나 이슬이 젖어 엉망이 돼서 내려온 것을 보고 논달치다라고 한다.

2) 건들로 오다

산삼을 캐지 못하고 소득이 없이 온 것을 건들로 왔다고 표현한다.

2.11.2. 산삼의 상태

산삼의 상태를 표현하는 은어도 있다.

1) 잘되다

산삼이 잘 생긴 것을 잘 되었다라고 한다.

2) 띠적나다
산삼이 무더기로 나온 것을 띠적났다고 한다.

3) 똑떨어지다
산삼이 쭉다리처럼 지근이 굵게 나가지 않고 주근에서 잔뿌리 정도만 난 것을 똑 떨어지다라고 한다.

4) 무릎꿇다 · 자다
산삼이 상태가 안 좋아서 싹을 틔우지 않는 것을 무릎꿇다 또는 잔다라고 한다.

5) 앉다
산삼의 씨가 맺힌 경우는 앉다고 한다.

2.12. 행동

2.12.1. 도살 행동

1) 깨다
제례나 잔치를 위해서 소나 돼지를 잡는 것을 깨다라고 한다.

2) 지펴서
제를 올리기 위해서 짐승을 잡는 것을 지펴서라고 한다.

2.12.2. 제례 행동

1) 곰놓다

정성을 올리는 것을 곰놓다라고 한다.

2) 소망보다

산삼을 캐서 산삼을 보았다는 뜻의 은어는 소망보다이다. 제문에 자주 나오는 은어이다.

2.12.3. 제작 행동

1) 꼬누다

나무껍질 등을 물에 넣고 삶는 것을 꼬누다라고 한다.

2) 아시다

홀치기의 재료를 만들기 위해 속껍질을 벗기는 것을 아신다라고 한다.

3) 눈치다

피올을 꽈서 매끄럽게 만드는 것을 눈치다라고 한다.

4) 비비다

피올을 꼬는 것을 비비다라고 한다.

5) 일구다

심마니들은 뭔가를 만드는 것을 일구다라고 한다. 산삼을 캐는 것도 일구다라고 하고 불을 놓는 것도 다알을 일구다라고 한다.

2.12.4. 채삼 행동

1) 재다

심마니들의 채삼 행위 중 이동에 관련된 은어에 재다가 있다. 재다는 두 가지 의미가 있다. 산삼 찾기 위해 산행하는 것, 즉 휴식을 하다가 출발하거나 가고 싶은 방향을 선택하는 것을 재다라고 한다. 또 하나의 의미는 풀을 뒤적대며 가는 것을 의미하기도 한다.

(1) 내재다

내재다는 하산하다를 의미하는 은어이다.

(2) 드래재다

드래재다는 더 가다를 나타낸다.

(3) 전산

다른 산으로 이동하는 것을 전산이라고 한다.

(4) 등네미

산등을 넘어가는 것을 등네미라고 한다.

(5) 목네미

다음 골짜기로 가는 것을 목네미라고 한다.

(6) 메

메는 찾는 것을 의미한다. 심마니를 달리 일컫는 말 중에 심메마니가 있는데 심은 산삼을 나타내고, 메는 찾다의 의미이다. 즉 산삼을 찾는 사람이라는 뜻이다.

(7) 안침

이동하다가 휴식하는 것을 안침이라고 한다.

(8) 찌그리다

심마니들은 잠자는 것은 찌그린다라고 한다.

(9) 어정

산삼 뿌리 밑으로 흙을 파는 것을 어정이라고 하며 어정을 달다라고 표현한다.

(10) 부리시리

산삼을 캐는 것을 부리시리하다라고 한다.

(11) 공행하다

심마니들이 소득이 없이 헛걸음 치는 것을 공행하다라고 한다.

2.12.5. 감장

산삼을 발견하면 산삼을 살 사람이 있는 경우에는 산삼을 바로 채취하지만 그렇지 않은 경우는 산삼을 발견한 그 자리에 산삼을 숨겨 두거나 채취하여 보관해 두게 된다. 보관할 때 산삼을 이끼에 싸고 나무피로 다시 싸서 보관하는 것을 감장이라고 한다.

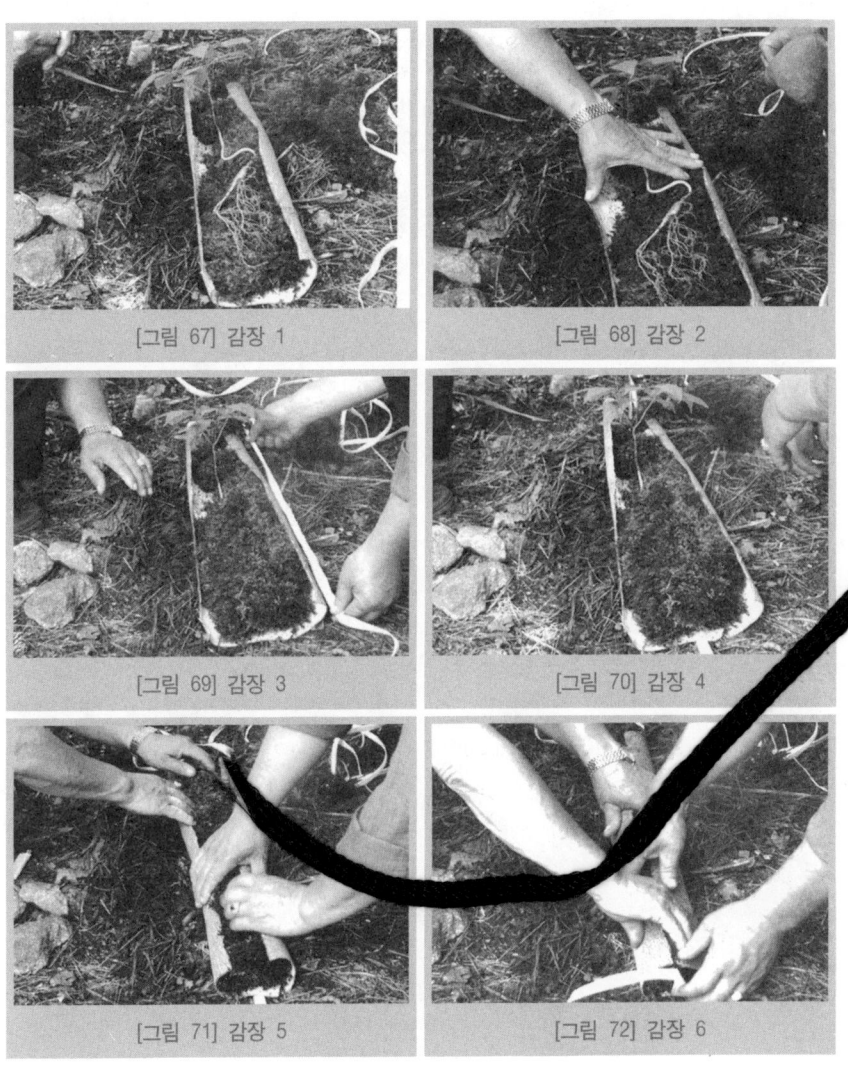

[그림 67] 감장 1
[그림 68] 감장 2
[그림 69] 감장 3
[그림 70] 감장 4
[그림 71] 감장 5
[그림 72] 감장 6

[그림 73] 감장 7
[그림 74] 감장 8
[그림 75] 감장 9
[그림 76] 감장 10
[그림 77] 감장 11
[그림 78] 감장 12

1) 퍼대기 · 바위옷

감장하기 위해서는 퍼대기, 바위옷이라고 불리는 나무이끼를 준비해야

[그림 79] 바위옷

한다. 감장은 이 나무이끼 자체를 나타내기도 한다.

2) 통치다

감장을 하려면 우선 캔 산삼을 보호하기 위해 나무 껍질을 50~60센티미터 정도 벗기는데 이를 통치다라고 표현한다.

3) 댕기·메끼

통을 쳐서 통친 나무에 바위옷을 넣고 그 위에 캔 산삼을 놓는다. 그리고 동그랗게 만 다음, 위에서부터 끈으로 찬찬히 감는다. 이때 감는 끈을 댕기, 메끼라고 한다. 메끼는 삼메끼, 장메끼가 있다. 메끼는 속창(껍질)을 아신 후에 만든 올이다.

4) 비녀질

감장을 다 한 후 이 끈을 매지 않고 찔러 놓는 것을 비녀질이라고 한다.

[그림 80] 비녀질

5) 잔존

감장한 산삼을 안전하게 보관하기 위해 땅을 파고, 그 위에 잔존이라는 굴피 껍질을 올려 놓고 그 위에 항아리를 올려 놓는다.

6) 삼찌알이

이렇게 보관해 두었다가 다시 꺼내온 산삼을 삼찌알이라고 달리 부른다.

[그림 81] 감장

[그림 82] 감장 (잔존을 올린 모습)

2.12.6. 일반 행동

1) 구실르다 · 굳다

심마니들은 죽다를 구실르다, 굳다라고 한다.

2) 부리다 · 다무리다 · 거리다

먹다를 나타내는 은어는 부리다, 다무리다, 거리다이다.

3) 더불유 · 실른다

담배 피우는 것을 더불유라고도 하고, 실른다라고 한다.

4) 심알치다

소리를 치는 것은 심알치다라고 한다.

2.13. 현상

2.13.1. 몽 · 몽사

마니들은 산삼을 캘 때 꿈을 중요하게 생각한다. 심마니들은 꿈을 몽 또는 몽사라고 한다.

1) 심몽

산삼을 캘 꿈을 심몽이라고 한다.

2) 단몽 · 장몽

산삼을 캘 만한 좋은 꿈은 단몽, 장몽이라고 한다. 삼을 캘 만한 단몽에는 빨간색의 피, 무꿈 등이 있다. 빨간색의 피는 산삼의 열매가 빨간 색이기 때문에, 좋은 꿈으로 여기는 것 같고, 무꿈은 무 모양과 산삼 모양의 유사성 때문이라고 한다.

(1) 몽받다
좋은 꿈을 꾸는 것을 몽받다라고 한다.

2.13.2. 기후

산에서 오래 지내야 하는 심마니들은 기후에 대해서도 관심이 있을 수밖에 없다. 기후에 관련된 은어를 살펴 보도록 한다.

1) 건들레
심마니들은 바람을 건들레라고 한다.

2) 노래기 · 노래기 빠지다
햇볕은 노래기라고 하며 해가 지는 것을 노래기가 빠지다라고 표현한다.

3) 덤팽이
구름이나 안개는 덤팽이라고 한다.

4) 매찰이 · 무록 · 안개오줌

이슬을 나타내는 은어에는 매찰이, 무록, 안개오줌이 있다.

5) 줄멩이 · 왱이 · 헤기

비를 줄멩이라고 하고 비가 오는 것을 왱이라고 한다. 눈은 헤기라고 한다.

6) 빛이 떨어지다

자연현상 중 일몰하다를 빛이 떨어지다라고 한다.

2.13.3. 불

산에서는 동물들로부터 자신을 보호하기 위해서나, 보온을 위해서 불을 피우거나 밥을 하기 위해서도 불을 피워야 한다. 불에 대한 은어도 많이 있다.

1) 다알불, 딸불, 우동불, 황덕불

모닥불에 해당하는 은어에는 다알불, 딸불, 우동불, 황덕불이 있다.

2) 자랫불

불을 일구는 것을 자랫불이라고 하고 자랫불을 일구다라고 표현한다.

3) 노구메불

밥을 하기 위한 불을 노구메불이라고 한다.

[그림 83] 노구메불 일구는 모습

제4장 한지용어

1. 구술 생애

1.1 장용훈(73)의 구술 생애

문 언제, 어디에서 태어나셨는지 말씀해 주십시오.
답 내가 지금 일흔 넷이야, 33년생. 고향은 저 어디야, 전남 장성.
문 아버님께서도 한지 뜨시는 일을 하셨다고 알고 있습니다. 아버님에 대해 말씀해 주십시오
답 아버지를 쪼끔 닮았어, 내가. 요것은 내가 환하지. 지금도 우리 아들이 못하는 것은 내가 다 하고 우리 아버님은 엄청 머리가 좋아, 아주 뭐 비상해. 아버지가 전북 순창에서 공장을 하시는데 육이오 사변이 나서 피란을 한 3개월 다니다가 전주 올라와서 방 하나 얻어갖고 있고, 아버지 혼자서 일을 다니시는데, 내가 따라갔어. 날마다 따라다녀서 보니까 이제 하고 싶어. 그래 인제 하고 있는데, 아버지 일 배우면 고생한다, 너 배

[그림 84] 장용훈

우지 마. 그런데 하고 싶어 죽겠어. 하지 말라고 하는 놈의 것을 막 한다고 하니까, 아버지가 그래 해 봐라. 한 일 주일 하니까, 어이 자신이 있고 얼마든지 할 것 같애. 날마다 인제 쪼끔씩 쪼끔씩 더 하는데, 괜찮게 하거든, "아 너 참 종이 잘 뜬다." 그러서. 그래서 배운 것이 지금 54년인가 55년인가 지금 해서. 저 아래 전주서 아버님 돌아가시고 나서 한 삼 년인가 지났는데, 기계지가 막 나왔어. 그런데 아버지가 돌아가시고 나니까 영 안 돼. 그래서 그냥 싹 치워부리고, 다 줘불고 여그 올라왔어, 마석이라고 다른 것을 했으믄 지금보다 나을란지 모르는데, 이것밖에 모르니까 그냥 이거 아니믄 내가 죽는다 그런 생각 뿐이여. 그냥 날마다 종이만 뜨고, 허허. 멍청하게 살았어. 하루는 사람이 하나 둘 씩 오더니 엄청 많이 모았어. 종이를 잘 뜬다 소리가 나갖고 구경 온 거라고 잘 뜨는지도 모르고 그냥 떠 붙이는데. 다른 사람들은 파지가 많이 나, 근데 나는 파지가 안 나. 인제 아부지가 잘 갈쳤어.

문 언제 결혼을 하셔서 가정을 꾸리셨습니까?

답 결혼? 서른 살에. 내가 광주를 종이를 팔러 다니는데 우리 셋째 이모님이 광주서 살았어. 이종 동생들이 하나는 결혼을 했고, 하나는 안 하고 근데 결혼을 헌 사람은 남자가 군대서 병이 걸려갖고 죽었어. 그래서 이모 집에서 있는데. 그리고 인제 친구라고 놀러 다녀. 말도 안 하고 그냥 와서 노는데, 한 번 보고 두 번 보고 또 보니까 수수허니 괜찮아. 근데 우리 아버님은 참 맘에 안 들졌는데, 나를 반대 안 허고 좋게 생각하고 그래서 한 일 년 사귀었는가? 그러다가 이제 결혼 해갖고 집을 나왔지. 인물이 없으니까 우리 아버님이 맘에 안 들어서, 처복은 없다, 너. 허허. 자식은 딸 하나, 아들 넷.

문 자제분 중에 종이 뜨는 일을 잇는 분이 계시면 말씀해 주십시오

답 큰 애, 막내, 또 둘째. 둘째가 먼저 했어. 지금 그래도 있으면 좀 난데. 잘 떠 종이를. 근데 걔는 나가부린거야. 막내는 잘 할라고 노력을 해. 큰애는 큰 종이 그걸 지금은 잘 떠.

문 종이 만드는 과정을 자세히 말씀해 주십시오

답 인자 뜬다 그러면, 발틀에다 발을 얹고 물을 이렇게 떠서 내려. 그래갖고 물을 이렇게 이래 버리거든. 그래갖고 한 번은 이렇게 붙이고 두 번째는 이렇게 붙여. 그래야 두께가 잘 맞어. 옛날에는 이 종이를 천사십 장까지 떴는데, 그러믄 이천팔십 번 떠다 붙여야 돼. 이걸 인자 물을 한 다섯 번, 여섯 번 떠다 붙이고 인제 한 통을 다 떠가믄 물이 맑아지잖아. 그러믄 한 일곱, 여덟 번까지 해서 붙여.

문 종이를 뜨시면서 언제나 마음에 새기고 있으신 바가 있다면 말씀해 주십시오

답 95년인가 96년인가 경복궁에 가서 2년 6개월인가 얼마간을 있었어. 거가서 종이 요 발 갖고 가서 뜨고, 말리고 그런데 거그 신문이 왔길래 엿보니깐 경주 불국사에서 불경 쓴 종인데, 1360년이 지난 종이가 지금 종이보다 훨씬 좋다 그래. 야아 이렇게 좋구나. 아버님이 "종이를 헐라믄 니 종이를 꼭 남겨라." 그래서 아버님이 이 말씀을 하셨구나.

문 요즘에도 종이를 뜨신다고 하셨는데 주로 어떤 종이를 뜨시는지 말씀해

주십시오

[답] 내가 이기다가 풀을 멕였어. 인제 밀가루 풀을 이 종이도 멕이고, 이 종이도 멕였어. 여기다가 이렇게 딱 찝어서 걸어서 저 하우스에다 걸어서 말려. 근데 풀을 멕이믄 쭈글쭈글 해. 그래갖고 피어지질 안 해. 이렇게 저렇게 해보니까 빤빤하게 나와. 인제 글씨를 쓰는 사람이 한 분이 왔길래 써보라 그랬더니, 못 쓰겠데. 붓이 잘 안 나간다고 옛날에는 붓이 잘 안 나가도 먹이 안 번지고 그냥 딱 그시믄 그것만 표시나니까 좋다고 썼는데. 그래서 엊저녁에도 자면서, 이걸 어떡해, 붓을 잘 나가게 해야겠는데. 그리고 오늘 비가 안 오면 할라 그랬더니 아이 비가 와서 못했어.

[문] 고려지를 보신 적이 있다고 말씀하셨는데, 그에 대해 말씀해 주십시오

[답] 내가 84년에 일본을 갔는데. 거기 가서 인제 이것을 떴지. 일본 사람들이 인제 보고 그 인제 우리 집에 좀 와봐라 그래서, 그냥 가봤어. 가보니까 종이가 딱 말그마니 있는데. 종이 정말 좋아. 이게 무슨 종이냐 하니까 '고려지'라 그래. 쪼끔 달라고 그러니까 안 된대. 그 종이 참 좋은데. 지금 내가 갖고 있어도 그 종이 같이 안 좋게 보여. 고려지란 것은 엉성하지만 글씨가 안 번지니까 인제 좋다고 한 20년, 30년 전에는 고려지 좀 만들어 보라고 여러 공장이 있어도 우리 집 종이가 제일, 종이 곱게 만든 사람이 없었거든. 저 전주지업사 그분이 오래 했어. 지금 칠십칠 세. 이제 그분한테 이 종이를 갖고 가볼라고 그러지. 며칠 있다가.

[문] 인간문화제가 되신 과정에 대해 말씀해 주십시오

[답] 여그 와서 인제 종이를 서울로 갖고 댕기고 그러니까, 경복궁에서 어떻게 내 소리를 듣고 관장이 왔어. 93년인가, 94년인가 경복궁에다가 십이 공방을 차릴라고 그러니까 참여를 하라고 그래. 그래서 지통 하나 하고 건조기 하고 갖고 가서 일을 하는데. 문화제 신청하냐고 해도 뭐 괜찮다고 그래서 그분이 인제 갈켜줘서 가평군에다 넣었더니, 도에서 조사 나와갖고 문화제가 됐어. 95년인가 96년인가 되었다고 한 3년 동안은 사

람들이 들와 댕겼어. 그런데 나는 이왕 할 바에는 국가 지정 무형문화재 그걸 할라고 그랬는데, 유은영이라고 애한테 내가 미끄러졌어. 그래서 내가 인제 이거 해갖고 올해 널라고 그랬는데 그냥 어떻게 안 되더라고 요거 해서 내가 저그 문화재청에다가 한 번 넣어볼라 그래. 우리 아들은 하지 말라고 그랴. 아니 내가 오기로 한 번 할란다.

문 종이 원료인 닥나무는 어떻게 구입하십니까?
답 닥은 요 근방서는 없고 옛날엔 내가 쓰고 남았는데, 지금 다 없애버렸어. 인제 강원도 가서 가져와. 강원도 저 주문진 가서.

1.2 김상렬(76)의 구술 생애

문 이 동네가 한지와 관련해 특별한 배경이 있는 동네라고 들었습니다. 옛날 모습에 대해 말씀해 주십시오
답 옛날 이 동네 모습이 지금은 저 건너에 조금뿐이 안 남았어요. 단구동 쪽으로도 한 다섯, 여섯 군데가 있었고, 한지 공장이. 저 도랑 건너로도 한 다섯, 여섯 군데 있었어요. 그러구 저 흥업 서곡 거기에 한 세 군데 있었고 그래서 인제 뜨는 사람들이 한 네 사람, 한지 만드는 사람들이 한 네 사람, 뒷일 하는 사람, 종이 말리는 사람 이렇게 해서 한 십여 명 씩 데리고 일했어요. 그래다가 인제 폐수가 많이 나가거든, 한지 뜨자면. 주인들이 돈이 없으니까 그걸 못하는 거야, 폐수 처리장을. 못하고는 인제 그게 한 3년 동안에 싹 없어졌어요.

문 한지 공장이 없어진 후, 생활을 어떻게 이어가셨는지 말씀해 주십시오
답 뭐 할 게 있어야지. 그래서 집짓는 데 노가다를 꼭 1년만 따라 댕겼어요. 따라 댕기다가 우산동 공장에서 한 8개월 일했을 거요. 또 뭐 잘못 되가지고 다른 사람이 인수를 하게 됐는데 우리 일하는 사람은 무데기로 넘

어가는 거라. 그 전에는 우리가 2만 4천원을 받았어요, 하루 일당이. 그런데 이제 그걸(장뜨기) 준다 그랬는데, 한 장에 울말 줄테니까 하는데 따져보니까 안 되겠어. 그래 나 안 한다. 안 나가고 전에 댕기든 집 짓는데 가서 한 3개월 했어요, 일을. 그런데 한 날 ○사장이 찾아와 좀 도와주셔야 되겠어요. 안 갈라 그러다가 아버지 돌아가시고 또 니가 한대니 내가 가서 봐주겠다 그래가지구, 그때부터 일했는데 한 17년 했을 거요.

🗨 한지 공장이 가동되지 않는 시기에는 주로 어떤 일들을 하시는지 말씀해 주십시오.

🗨 일 년을 일을 하는데, 음력으로 따져가주 11월 달부터 1월 달까지 놀았어요. 그 때가 종이를 왜 안 뜨냐면, 옛날엔 문창호지만 뜨니까. 추석 실 때 문 발르믄 안 팔리는 거라. 또 날도 춥구. 그래니까 한 3개월 동안 놀으면, 그 시기에 각 주인들이 서로 쑤서거리는거야. 그래가주 서루 잘 하는 사람 뽑을라구, 뽑아갈라고.

🗨 태어나셔서 어린 시절 어떻게 자라셨는지 말씀해 주십시오.

🗨 내가 충북 제천서 태어나가지고 중학교 시험 볼 적에 6·25가 났어요. 우리가 몇 식구냐 하믄 일곱 식구 있었어. 딸들은 우에 있는 건 시집 가구, 아들만 5형제 있었다구. 디리구 어머니, 아버지가 피란 나갔다가 아버지가 원피란 나가 돌아가셨어요. 그 쩍에 내가 열다섯 살이야. 피란 끝나고 고향으로 돌아왔는데, 해 먹을 게 있어 그땐? 나무 해다가 장에 갖다 팔으믄 인제 그걸루 쌀 한 되씩 사다 먹구 이럴 때야. 그래가 내가 열아홉 살에 제천 신화제지공장 질 때부터 일을 해가주구 거기서 스무 살에 뜨길 배운거야. 그때 뜨기 배울 적에는 15일간 꽁짜로 떠줘야 돼. 왜냐. 처음 하는 사람은 지 손해를 보인다고 해가주고 보름은 기냥 봉사해야 돼. 인제 보름 지나니까 품값을 주는거지. 그래가주 거기서 딱 10년 하구 여기 원주에 올라올 때 스물아홉 살에 올라왔어. 그동안에 인저 군인 가서 3년 때우구. 고것 빼구는 이 한지 공장으로만 여태 증말 밥을 먹

없는데. 그래다가 인제 여기 올라와서 누가 자꾸 소개를 해서 그 공장엘 들어간거야, 오○○ 사장이라구. 한 6년 일했어.

문 그 후엔 계속 원주에서만 생활하셨습니까?

답 경기도 용문, 여 양평 밑에. 거기에 우트게 이 한지 공장을 채렸어요. 한지 공장 공장장이라는 사람이 난데없이 모르는데 찾아왔어, 나를. 용문에다 이런 걸 채려놨는데, 상열 씨가 좀 와서 봐주실 수 없냐 이래. 그래 가주구 가 봐주겠다구. 그래가주 거서 딱 2년 있었어요. 근데 장사장 아부지가 찾아온거야. 내가 인제 이렇게 공장을 하나 또 채렸는데, 너 와서 같이 좀 해줘야 된다. 참 막막하더만. 그래서 예, 그렇게 합시다. 대답을 하고 내려와서 인제 ○사장 아버지하구 손 잡구 했지.

문 여러 곳에서 일을 하셨는데, 좋았던 곳의 기억이 있으시면 말씀해 주십시오.

답 용문서 할 적에는 좋았습니다, 일 하기가. 쌍발루 뜨는 건데, 일본으로 수출했었거던. 한 달만 떠가 쌓아가준 하루 죙일 미수꾸래(포장) 해요. 하루 죙일 포장을 하믄 테레비 두 개 만한 게 한 열 개씩 될 때가 있어요, 그 등치가. 그래믄 여기 갖다 부쳐, 부산으루. 부치믄 부산서 배에 싣고 간다 그러더라구. 그렇게 하는 덴데, 참 재미있었어요. 인제 그 사장이 한 번 내려와선 내가 인제 그 흔드는 걸 보드니, 공장장을 딱 불르드니, 이 양반 하는 거 힘드니까 내일부터 참 해드리라. 오후 참을 주라는 거야. 응? 주구 막걸리 한 병씩 사다드려라. 그 소리 들으니까 기분이 나는 거야, 나는. 술 좋아하는데 뭐 좀 좋아? 최고의 기분이지. 그래 인제 그렇게 거서 1년 살았지.

문 한지 공장에서 일하시면서 겪으셨던 일 중 힘드셨던 일이 있으셨다면 말씀해 주십시오.

답 ○사장 아버지하구 같이 해가주고 한 12년 했나? ○사장이 졸업 맞고 뭘 배웠냐 하믄 전공들 철탑 세우는 걸 배웠어. 배워가주구 사우딘가 그리

1년 간 거야. 간 사이에 아부지가 돌아가신 거야. 그 양반, 내가 묶어서 갖다 장사지내준 사람이야. 내 손으로 염 다 해가주구. 그 산자리도 안 준다는 걸 노인넬 불러다가 술을 대접하면서 사정사정해서 산자리 얻어 가지고, 지금 ○사장 아버지 가 있는 데가 그 산이야. 공장을 하다 갑작 시릅게 돌아가셨는데, 막막하잖아. 아주머니가 뭘 알아야지. 서울 외상 준 거, 나는 환히 알았거든, 나하곤 꼭 상의를 하구 하니까. 그래구 "느들이 나 돈 벌어주지 내가 버는 게 아니다." 응? 그저 술 한 잔이라두 더 사다줄라 그러구, ○사장 아버지는 일꾼들한테 잘했습니다. 그렇게 해서 아주머니 보고 어떻게 하믄 좋겠소, 그러니까. "원배 아버지가 알지 난 몰라.", 그 양반을 서울 디리구 댕기면서 외상값 내가 다 받아드린 사람이야. 안동이구 제천이구 안 간 데가 없습니다, 제가. 해주다가 인제 ○사장이 나온 거야, 외국에서. 와가주군 목을 메네. 아부지 하던 일이니까 지가 하겠다구. 그런 것이 그 집 일만 내가 30년을 한 사람이야.

2. 조사된 어휘

2.1. 일꾼

2.1.1. 뒷일꾼 · 조역꾼 · 조역 · 봉줏꾼

일꾼은 보조원과 장인으로 나눌 수 있다. 종이를 만들 때 뒤에 서서 잡일을 도와 주는 보조원을 뒷일꾼, 조역꾼, 조역, 봉줏꾼이라고 한다.

2.1.2. 장인

장인은 일에 따라 분류할 수 있다. 장인은 닥긁는사람, 티꾼, 지장이, 도침장이, 건조꾼으로 나눌 수 있다.

1) 닥긁는사람

닥긁는사람은 흑피를 백피로 만드는 일을 하는 사람이다.

2) 티꾼

티꾼은 백닥에서 티를 골라내는 사람을 가리킨다.

3) 지장이(지쟁이)·통꾼

티를 고른 백닥은 두들겨서 종이를 만들 수 있는 상태로 만들어야 한다. 백닥을 두들겨서 종이감(원료)을 만들어 종이를 뜨는 일을 하는 사람을 지장이(지쟁이), 통꾼이라고 한다. 지장이가 지통에서 종이를 뜬다고 해서 통꾼이라고도 한다.

4) 건조꾼·비벽쟁이·부벽꾼

종이를 떠서 건조시켜야 하는데 건조시키는 일을 전문적으로 맡아서 하는 일꾼도 필요하다. 그 일꾼을 건조꾼, 비벽쟁이, 부벽꾼이라고 한다. 철판에 습지를 붙여 말리기 때문에 철판쟁이라고도 한다.

[그림 85] 닥긁는사람

[그림 86] 티 꾼

[그림 87] 지장이(통꾼)

[그림 88] 건조꾼

2.2. 재료

종이의 주재료는 닥이고, 부재료는 닥풀이다. 종이의 주재료인 닥 이외에도 뽕나무, 벼, 갈대 등 다른 재료를 섞어서 사용하기도 했다.

2.2.1. 주재료

1) 닥

종이의 주재료인 닥나무는 줄여서 닥(楮)이라고 한다. 닥나무의 종류는 참닥, 부닥, 왜닥, 삼지닥으로 나눌 수 있다.

(1) 참닥

참닥은 닥 중에서 질이 좋은 닥이다. 우리나라 닥나무 중에서 품질이 좋은 닥은 강원도 닥이라고 한다. 닥나무 채취는 주로 겨울에 이루어진다.

(2) 부닥

부닥은 참닥보다 질이 낮은 닥이다.

(3) 왜닥

왜닥은 일본에서 들어온 닥나무이다.

[그림 89] 닥나무

(4) 삼지닥

삼지닥은 가지가 세 가닥으로 나뉘어져 있는 닥나무를 일컫는다. 주로 남쪽지방에서 재배된다. 일명 돈나무라고도 한다.

2) 부분

(1) 흑피

닥나무를 잘라서 닥나무의 검은 껍질을 벗기기 전의 닥을 흑피라고 한다.

(2) 피닥

닥나무의 겉껍질은 피닥이라고 한다.

(3) 백닥 · 백피

닥의 흑피를 벗긴 닥을 백닥, 백피라고 한다.

(4) 닥채

껍질을 벗겨 낸 닥나무의 연한 가지나 줄기를 닥채라고 한다. 닥채는 일을 도와 준 사람들이 땔감으로 사용했다.

(5) 종이감 · 원료

백닥을 두들겨서 물에 풀어질 정도로 만든 종이의 주재료를 종이감, 원료라고 한다.

(6) 춤 · 거둠 · 둥치

백닥을 조그맣게 묶은 묶음을 춤이라고 하고, 그보다 큰 닥나무 껍질의 묶음을 거둠이라고 한다. 백닥을 더 크게 묶어 놓은 묶음을 둥치라고 한다.

[그림 90] 피 닥

[그림 91] 백 닥

[그림 92] 백 닥 (물에 불린 것)

[그림 93] 백 닥 (티 고른 후)

[그림 94] 백 닥 (물에 불린 것)

[그림 95] 백 닥 (티 고른 후)

2.2.2. 보조재

1) 세분

한지의 주재료는 닥이고, 보조재는 표백제, 풀 등을 들 수 있다. 보조재는 우선 세분이 있는데 세분은 물건을 닦는 데에 쓰는 가루로 닥을 표백하는 데 사용한다. 옛날에는 잿물을 내려서 닥을 삶을 때 잿물을 넣어서 표백을 하였다.

2) 닥풀 · 황촉규

한지를 만드는 데 없어서는 안 되는 것이 닥풀이다. 닥풀은 종이의 점성을 위해 사용하는 황촉규의 액을 말한다. 황촉규의 액은 황촉규의 뿌리를 힘껏 짓이겨 주머니에 걸러서 모은다. 이렇게 모은 닥풀을 지통에 종이감과 함께 풀어 넣고 종이를 뜬다. 닥풀은 온도에 민감하여서 여름철보다는 겨울철에 적은 양의 닥풀을 이용하여서 많은 양의 종이를 뜰 수 있어 경제적이다.

닥풀은 지통 안의 원료들이 골고루 분산되게 하여 원료들이 가라앉는 것을 방지해 주고 종이를 뜬 후에는 잘 분리되게 하는 기능을 한다.

[그림 96] 황촉규

[그림 97] 황촉규

3) 통물

지통에 원료를 풀기 전 부어 넣은 맹물을 통물이라고 한다.

[그림 98] 통물(맹물)

[그림 99] 닥풀

[그림 100] 잿물

2.3. 도구

한지 만드는 도구의 종류에는 재료 만드는 도구, 닥 두들기는 도구, 종이 뜨는 도구, 도침 도구, 건조 도구로 나누어 볼 수 있다.

2.3.1. 닥 다듬는 도구

1) 닥가마 · 닥솥

닥나무를 채취해서 처음으로 하는 일이 닥나무를 찌는 것이다. 또 닥을 종이 뜨는 상태로 만들기 위해서는 닥을 삶아야 한다. 이때 닥 삶는 가마와 솥이 필요한데 닥 삶는 가마와 솥을 닥가마, 닥솥이라고 한다. 닥가마나 닥솥에 찐 닥은 흑피를 벗기기에 좋은 상태가 된다.

2) 닥칼 · 닥판

쪄 놓은 피닥에서 껍질을 벗길 때 닥 긁는 도구를 사용한다. 닥 긁는 도구에는 닥칼과 닥판이 있다. 닥의 껍질을 벗길 때 밑에 대고 벗기는 판을 닥판이라고 하고, 그 때 사용하는 칼을 닥칼이라고 한다. 닥칼은 지방에 따라 모양이나 사용법이 다르다. 전주 지방에서는 칼의 단면을 사용하고 의령 지방에서는 칼의 양면을 모두 사용한다.5) 강원 지방은 모양이 [그림 102]와 같고 칼의 단면을 사용한다.

[그림 101] 닥가마

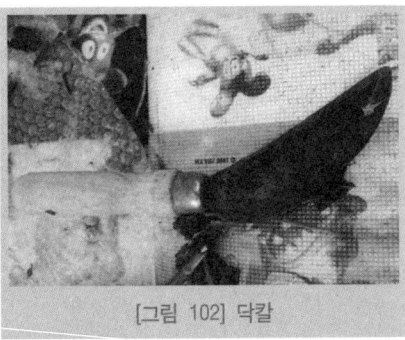
[그림 102] 닥칼

[그림 103] 닥판

[그림 104] 닥판과 닥칼

---

5) 이승철, 『우리가 정말 알아야 할 우리한지』, 현암사, 2002. 108면.

3) 티칼

껍질을 긁어 놓은 백닥을 바로 사용하기도 하고 말렸다가 필요할 때 물에 삶아서 다시 사용하게 된다. 이때 백닥에서 티를 고르는 작업을 하게 된다. 백닥에 있는 티를 떼어내는 칼을 티칼이라고 한다.

4) 닥보자기

닥을 삶아서 빨 때 옛날에는 개울가에서 빨았는데 삶은 닥이 물살에 떠내려가지 않게 하기 위하여 소창으로 큰 보자기를 만들어 그 안에서 닥을 빨았다. 닥보자기 밑에 가라앉은 닥 찌꺼기를 닥똥이라고 했다.

5) 닥갈쿠리, 뜰대

닥을 삶기 위해서 닥가마와 닥솥에 닥을 넣을 때 갈고리를 이용하거나 쇠스랑을 이용하는데 닥을 옮길 때 사용하는 갈고리를 닥갈쿠리라고 하고, 쇠스랑은 닥을 뜰 때 사용한다고 해서 뜰대라고도 한다.

2.3.2. 닥 두들기는 도구

1) 닥돌 · 닥방망이

티를 제거한 백닥은 두들겨서 종이뜨기 좋은 상태로 풀어지게 한다. 현재는 기계를 이용하여 백닥을 갈아서 사용하는데 전통적인 방법은 백닥을 두들겨서 원료를 만든다. 이 때 돌에 백닥을 놓고 두들기게 되는데 이 돌을 닥돌이라고 한다. 물에 불린 닥을 두들기는 방망이를 닥방망이라고 한다. 닥돌 위에 불린 백닥을 놓고 닥방망이로 두들겨서 백닥을 풀어지게 만든다.

2) 닥디딜방아

닥을 두들기는 도구로 디딜방아를 개조해서 만든 닥디딜방아도 있다. 닥을 두들기기 위해 변형된 디딜방아의 넙적한 괭이를 닥괭이라고 하고, 괭이가 떨어지는 곳에 있는 넓고 큰 돌을 닥돌이라고 한다. 절구를 이용하는 경우는 흔하지는 않다. 평평한 돌에 불린 삶을 올려 놓고 닥방망이로 불린 닥을 두들겨서 종이감을 만들게 된다.

3) 분쇄기

닥돌이나 닥디딜방아, 닥절구를 이용하면 종이질이 좋기는 하지만 경제적이지 않아서 삶은 닥을 분쇄기에 갈아서 사용한다.

[그림 105] 닥돌과 닥방망이　　[그림 106] 닥돌과 닥방망이

[그림 107] 닥절구　　[그림 108] 분쇄기

2.3.3. 닥 푸는 도구

닥을 두들겨서 종이의 원료가 준비되면 두들긴 닥을 물에 잘 풀어야 종이를 뜰 수 있다. 닥을 푸는 도구에는 풀대와 해리통이 있다.

1) 풀대, 풀작대기

지통에 맹물과 원료를 넣고 휘젓는 막대기를 풀대, 풀작대기(풀짝대기)라고 한다.

[그림 109] 풀대

[그림 110] 풀대치기

2) 해리통

두들긴 닥이 잘 풀리도록 풀어주는 통을 일컫는다. 요즘은 분쇄기를 사용하기 때문에 사용하는 경우가 적다.

[그림 111] 해리통

2.3.4. 종이 뜨는 도구

종이 뜨는 도구에는 지통과 발틀과 발 등이 필요하다. 두들겨서 만든, 잘 풀어진 종이감과 닥풀과 맹물을 넣고 풀대로 쳐서 섞으면 종이를 뜰 수 있는 상태가 된다.

1) 지통

종이를 뜰 때 그 재료를 물에 풀어 담는 큰 나무통을 지통이라고 한다. 지통은 배판, 굄목 또는 목나무, 거늠대, 물빼는 구멍, 물빼는 자루 등으로 구성된다.

(1) 앞

지통에서 통꾼이 서 있는 쪽을 앞이라고 한다.

(2) 배판

배판은 지통의 앞 부분에 지장이가 기댈 수 있게 달아 놓은 판이다.

(3) 뒤

지통에서 사람이 선 맞은편을 뒤라고 한다.

[그림 112] 지통 앞

[그림 113] 배판(붉은 부분)

[그림 114] 지통 뒤

(4) 굄목 · 목나무

굄목은 옛날 지통 뒷부분에 사선으로 괴었던 나무를 일컫는다. 이 나무에 발을 얹어 놓고 균형을 잡아 그 나무를 의지해서 앞뒤로 발을 밀면서 앞물질을 했고, 오른쪽 왼쪽으로 발을 기울면서 옆물질을 했다. 굄목의 역할을 발틀달대에 발틀고리가 대신하기 때문에 굄목이 사라지게 됐다. 지금의 지통에는 굄목을 볼 수 없다. 굄목을 목나무라고도 했다. 지방에 따라 목나무를 말구대, 나무대라고도 했다.6)

[그림 115]
목나무가 있던 자리 (흰 선 표시부분)

(5) 거늠대

거늠대는 지통에 발틀을 걸기 위해 위로 건너 질러 놓은 대를 일컫는다. 발틀을 기준으로 해서는 발틀을 달아 놓는 대라는 의미로 발틀달대라고도 한다.

(6) 물 빼는 구멍 · 물 빼는 자루

지통에 종이를 뜨고 남은 물을 빼는 구멍이 있는데 이것이 물 빼는 구

---

6) 김영현, 『한지의 발자취』, 원주시, 2005, 189면.

멍이다. 물 빼는 구멍에는 물 빼는
자루가 달려 있다. 물 빼는 자루는
물 속에 남아 있는 종이 원료를
걸러내는 역할을 한다. 이렇게 걸
러 낸 종이감은 다시 종이를 뜨
는 재료로 이용한다.

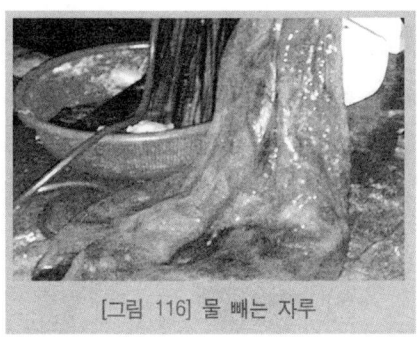

[그림 116] 물 빼는 자루

2) 발틀

지통에 발틀을 걸어 놓고 그 발틀 위에 발을 올려서 종이를 뜨게 된다.

(1) 외발틀

① 앞머리

발틀의 가로 앞쪽 부분을 앞머리라고 한다.

② 뒷머리

발틀의 가로 뒤쪽 부분을 뒷머리라고 한다.

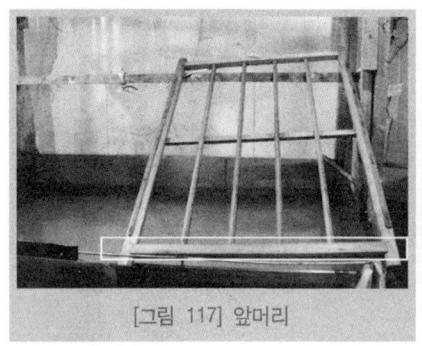
[그림 117] 앞머리

[그림 118] 뒷머리

③ 발틀기둥

발틀의 세로를 발틀기둥이라고 한다.

④ 발틀살

발틀의 중간에 세로로 있는 살을 발틀살이라고 한다.

[그림 119] 발틀기둥

[그림 120] 발틀살

⑤ 발틀허리받침
발틀살이 휘는 것을 막기 위해 중간에 가로로 가로지른 대를 발틀허리받침이라고 한다.

⑥ 발틀달대·거늠대
발틀을 걸어 놓은 대는 발틀달대라고 한다. 이를 거늠대라고도 한다. 거늠대는 건너지른 대라는 의미이고, 발틀달대는 발틀을 다는 대라는 의미이다.

[그림 121] 발틀허리받침

⑦ 발틀고리
발틀달대에 발틀을 고정시키는 고리는 발틀고리라고 한다.

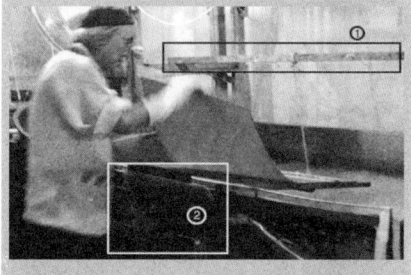
[그림 122]
① 발틀달대(그림과 같이 발틀을 걸었을때)
② 배판

(2) 쌍발틀
① 아래판
쌍발틀의 부분명칭을 보면 쌍발틀에서 밑에 있는 판을 아래판이라고 한다.

[그림 123]
거늠대(그림과 같이 발틀을 걸지 않았을때)

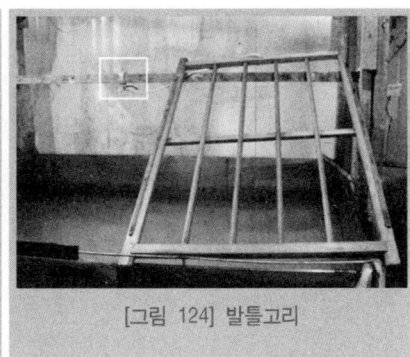
[그림 124] 발틀고리

② 뚜껑
쌍발틀에서 위에 있는 판을 뚜껑이라고 한다.
③ 잠금쇠
쌍발틀에서 아래판과 뚜껑을 닫는 장치를 잠금쇠라고 한다.
④ 장석
쌍발틀 뒤쪽에 아래판과 뚜껑을 연결한 쇠붙이는 장석이라고 한다.
⑤ 물집
뚜껑과 아래판의 사이를 물집이라고 한다.
⑥ 손재비
쌍발틀 뚜껑에 붙어 있어 붙잡는 곳을 손재비라고 한다.
⑦ 튕김줄
한 가지 특이한 것으로 종이를 크게 떠서 작게 잘라 사용할 수도 있는데, 작게 자를 때 감쪽같이 나누는 방법으로 물 먹인 줄을 한지 위에서 튕기는 것이다. 그러면 튕긴 줄을 맞은 종이는 물이 먹여지므로 종이를 자연스럽게 자를 수 있게 된다. 이 줄을 튕김줄이라고 한다.

3) 발

발의 종류는 크게 재료, 종이의 크기, 전통발과 일본에서 들어온 왜발로 구분할 수 있다.

(1) 갈대발·초발

재료에 의한 발의 종류에는 갈대발과 초발을 들 수 있다. 갈대발은 갈대로 만든 발이고, 초발은 풀로 엮어 만든 발이다. 갈대발이나 초발은 대발과 달리 물을 흡수하기 때문에 발이 무거워져서 종이 뜨는 것이 힘겨웠다. 그래서 대발이 나온 후로는 사용하지 않았다.

(2) 창호지발·백호지발

발의 크기에 따라 창호지발, 백호지발 등으로 나눌 수 있다. 창호지를 만드는 발은 백호지를 만드는 발보다 작다.

(3) 전통발·왜발

발은 전통발과 왜발로 나눌 수 있다.

① 전통발(외발)

전통발은 홀림뜨기 방식으로 종이를 뜬다. 홀림뜨기 방식이란 한번 원료 물을 떠서 옆물질을 계속 하며 흘려 보내는 것이다. 홀림뜨기 방식으로 종이를 뜨는 전통발을 주로 외발이라고 한다.

② 왜발(쌍발)

왜발은 일본에서 들여온 발이다. 왜발은 한번 뜬 원료 물을 가라앉히는 방법으로 종이를 뜬다. 왜발을 주로 쌍발이라고 한다. 쌍발은 발틀에 발을 두 개 놓고 뜨기 때문에 붙여진 명칭이다. 전통발인 외발에 비해 발틀이 크기 때문에 무게가 무겁기는 하지만 한 번 뜰 때 2장씩 나오기 때문에

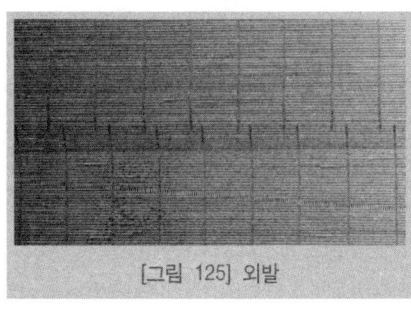

[그림 125] 외발

[그림 126] 쌍발

종이를 많이 뜰 수 있다.

(4) 발 구성

① 발초
발의 재료를 발초라 한다. 발초는 대나무를 가늘게 쪼개서 만든 것이다.
ㅇ 왜발초
일본에서 들어온 발초를 왜발초라고 한다. 굵기가 고른 것이 특징이다.

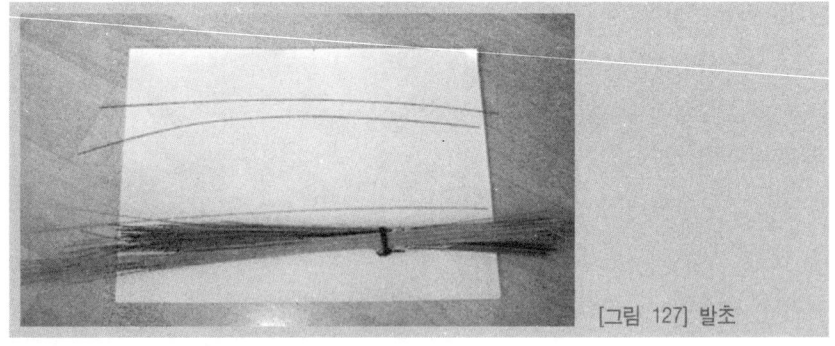

[그림 127] 발초

② 발날
가로로 엮는 실을 발날이라고 한다.

③ 발선
발에서 변죽대가 있는 부분을 옆이라 한다. 발의 세로 가장자리를 헝겊으로 싼 것을 발선이라고 한다.

④ 변죽대

발의 위아래에 두 죽을 대고 헝겊으로 싸서 발을 고정시키는 대를 변죽대라고 한다.

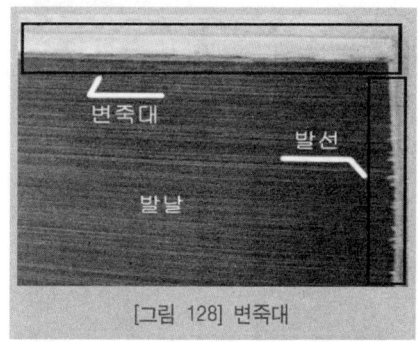

[그림 128] 변죽대

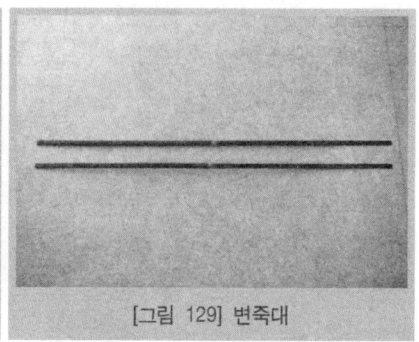

[그림 129] 변죽대

4) 종이판

종이를 떠서 올려놓는 판을 종이판이라고 한다.

(1) 깔판·판때기

종이를 떠서 놓는 대를 깔판, 판때기라고 한다.

5) 베개깃

종이를 떠서 종이판에 쌓아 놓을 때 종이와 종이 사이에 종이가 잘 떨어질 수 있게 하기 위해서 종이 윗부분에 줄을 올려 놓는다. 이 줄을 베개, 베개깃(비개깃)이라고 한다. 옛날에는 말총으로 사용했으나 오늘날은 나일론 줄을 이용한다.

6) 일굼대

종이를 떼어낼 때 종이를 막대기에 붙여서 종이 한 장 한 장을 떼어내

[그림 130] 베개 (나일론 줄)   [그림 131] 발떼기

는데 이 때 사용하는 막대기를 일굼대라고 한다. 일굼의 의미는 종이를 떼어내는 행위를 일구다라고 하기 때문에 종이를 일구는(떼어 내는) 대라는 의미로 일굼대라고 한다.

2.3.5. 물빼기 도구

떠 놓은 종이의 물을 제거하기 위해서 물빼기 도구가 필요하다.

1) 궁굴통

우선 일차적으로 물을 빼기 위해 떠 놓은 종이 위에 방망이를 굴린다. 한지의 물을 방망이를 굴려서 뺀다고 해서 이 방망이를 궁굴통이라고 한다. 궁굴통을 세게 굴리면 종이에 발 자리가 선명하게 새겨진 한지가 만들어진다.

2) 잦기틀 · 잦기

젖은 한지의 물을 빼는 기계를 잦기 틀, 잦기라고 한다. 옛날에는 잦기가 없었기 때문에 디딜방아를 개조해서 물 빼는 도구를 만들어 사용했다.

[그림 132] 잦기

2.3.6. 건조도구

1) 건조비

건조대에 물을 뺀 종이를 붙이고 건조비로 쓸어내린다.

2) 건조대

종이를 건조시키기 위해서 종이를 일궈서 갖다 붙이는 대를 건조대라고 한다. 나무를 때는 건조대가 오늘날에 이르러서는 가스를 이용한 건조대로 변화되었다. 건조대가 있기 전에는 개울가에 빨래 널 듯이 돌에 걸

쳐서 널거나 빨래줄에 널어서 햇볕에 건조시키거나 온돌방에 한지를 한 장 한 장 펴서 건조시켰다. 건조대에 비해 전통적 건조 방법은 시간이 많이 들기는 하지만 종이의 질은 건조대에서 건조시킨 종이보다 품질이 더 뛰어나다고 한다.

[그림 133] 건조대

[그림 134] 건조대

[그림 135] 햇볕 건조

2.4. 제작 장소

2.4.1. 지소·한짓집

한지를 만드는 장소를 가리키는 용어에는 지소와 한짓집이 있다. 지소는 종이를 만드는 재래식 공장이고, 한짓집은 옛날 한지를 만들어 팔던 집을 일컫는다.

2.4.2. 티간

티꾼들이 삶은 백닥에서 티를 골라내는 작업을 하는 장소이다.

2.4.3. 통간

종이 뜨는 곳을 지통이 있는 곳이라고 통간이라고 한다.

2.4.4. 건조실

종이를 건조시키는 곳을 부벽간이라고 한다. 철판으로 된 건조대가 있다고 해서 철판간이라고도 한다. 한지를 건조시키는 온돌방은 지방이라고 한다.

2.5. 제작 과정

2.5.1. 닥 채취

늦가을에서 겨우 내내 한지의 재료인 닥을 채취한다.

2.5.2. 닥무지

닥무지는 닥나무를 채취해서 흑피를 벗기기 쉽게 하기 위해 닥을 찌는 것을 일컫는다.

옛날에는 많은 닥을 한 번에 쪄낼 큰 솥을 마련하기 어려웠다. 큰 솥의 대용으로 땅에 구덩이를 따로 두 개를 파고 구덩이를 연결시킨다. 그 다음 한 구덩이에 닥을 차곡차곡 넣어서 그 위에 돌을 덮고 다시 흙을 덮어 놓는다. 남은 하나의 구덩이에는 땔감을 넣어서 채우고 불을 놓는다. 그 불 위에 많은 돌을 올려 돌이 빨갛게 달아오르면 흙으로 덮고 그 위에 구멍을 몇 개 뚫은 후에 그 구멍에 물을 붓는다. 그러면 수증기가 나오게 되는데 그 때 뚫어 놓은 구멍을 막게 되면 땅 밑에 연결된 통로를 통해 수증기가 닥나무를 쌓아 놓은 구덩이 쪽으로 가게 된다. 불에 달궈진 돌이 식기 전까지 구멍을 뚫고 물을 붓고 다시 흙으로 덮는 과정을 반복한다. 그러면 한쪽 구덩이에 있던 닥이 쪄지게 된다. 닥무지란 닥을 묻어서 찌는 것을 의미하는 어휘로 '닥+묻+이'에서 구개음화된 형태로 보인다. 지금처럼 큰 솥이 있어서 닥무지의 의미는 거의 상실되었다고 할 수 있다. 닥무지는 동네사람들의 협동 작업으로 이루어졌다.

2.5.3. 닥 껍질 벗기기

닥무지를 한 닥은 닥나무 속에 있는 닥채와 흑피가 분리하기 쉬운 상태가 된다. 주로 동네 아낙들이 이 일을 돕고 대신 땔감으로 좋은 닥채를 가져갔다.

2.5.4. 닥 말리기

흑피를 벗기지 않은 피닥이나 흑피를 벗긴 백닥이나 보관을 해야 하기 때문에 햇볕에 널어 말린다. 말린 상태의 피닥이나 백닥은 사용할 때마다 물에 불려 사용한다.

[그림 136] 피닥 백닥 말리기

[그림 137] 보관중인 말린 백닥

2.5.5. 닥 불리기

말린 닥을 종이의 원료를 만들기 위해서는 물에 불린다.

2.5.6. 닥껍질 벗기기

불린 닥에서 닥껍질을 닥칼을 이용하여 벗기면 백닥이 된다.

2.5.7. 닥삶기

백닥을 잿물과 함께 삶아서 손으로 뚝뚝 끊어질 정도로 삶는다.

2.5.8. 티고르기

삶은 닥에서 티가 있으면 티꾼들이 티칼로 깨끗하게 티를 골라낸다.

2.5.9. 닥 두들기기

닥돌과 닥방망이를 이용하여 삶을 닥을 두들겨서 종이의 원료가 되는 상태로 만든다. 또는 분쇄기를 이용하여 닥을 갈아서 원료를 만든다.

2.5.10. 원료 풀기

지통에 물을 붓고 두들겨서 다 풀어진 종이감(원료)과 닥풀을 넣고 풀대로 쳐서 원료를 골고루 풀어 준다.

2.5.11. 종이 뜨기

종이뜨기와 연관되는 단어를 살펴보면 외발과 쌍발에 따라 용어가 다르다. 종이뜨기는 크게 물질과 기타 종이 뜨기 관련 용어로 나누어 볼 수 있다.

우선 물질은 한지를 만들 때 원료에서 종이를 뜨기 위해 하는 행동을 일컫는 말로 옆물과 앞물로 나눌 수 있다.

1) 앞물

앞물은 발로 바깥 쪽에서 안쪽으로 원료를 떠 올리는 물질을 나타낸다. 앞물을 달리 곧은물이라고도 한다. 앞물주다, 앞물걸다, 곧은물지르다라고 표현한다.

[그림 138] 앞물걸기

[그림 139] 옆물치기

2) 옆물

옆물은 발에서 원료를 발 위에 올리고 좌우로 흔드는 물질이다. 옆물은 옆물치다, 옆물주다, 살미기다, 살올리다라고 표현한다.

[그림 140] 옆물치기

[그림 141] 옆물치기

[그림 142] 종이뜨기

[그림 143] 종이뜨기

[그림 144] 종이붙이기

[그림 145] 발떼기

3) 두장뜨기

쌍발에는 앞물은 있지만 옆물은 없다. 앞물을 가라앉히기 방법으로 종이를 만든다. 쌍발에서 작은 종이를 빨리 뜨기 위해서 종이를 크게 떠서 몇 개로 분리하는 방법을 쓰기도 한다. 이 때 한 번에 두 장을 뜨는 방법을 두장뜨기라고 한다. 두 장을 뜨기 위해서는 쌍발 중간에 실을 붙여 놓는데, 실이 붙어 있는 곳에는 종이가 실 때문에 얇게 앉게 되므로 종이를 쉽게 분리할 수 있게 된다.

4) 줄띄우다

이 때 줄을 중간에 매어 놓는 것을 줄띄우다라고 한다.

2.5.12. 종이 붙이기

종이를 발에서 종이 놓는 판에 갖다 놓는 것을 종이 붙이다라고 한다.

2.5.13. 물 빼기

종이를 떠서 일차적으로 궁굴대를 이용하여 물을 빼고 그 다음 무거운 돌을 이용하거나 잦기틀을 이용하여 습지(젖은 한지)의 물을 빼게 된다. 옛날에는 디딜방아 형태의 잦기도구도 있었다. 물을 빼기 위해 돌을 올려 놓는 것을 짐싣다, 짐짜다라고 표현한다.

2.5.14. 종이 일구기

물을 뺀 종이를 건조시키기 위해 한 장 한 장 떼어내는 행위를 하게 되는데 이것을 일구다라고 한다. 이때 이용하는 도구가 일굼대이다.

2.5.15. 종이 말리기

한지를 건조시키는 행위를 부벽하다라고 한다. 종이 말리기에는 햇볕 건조와 온돌방을 이용하는 건조와 건조대를 이용하는 건조로 나눌 수 있다.

2.5.16. 도침

종이를 건조시킬 때 울퉁불퉁하게 건조될 수 있는데 이때 다듬이형태나 도침을 위해 개조된 디딜방아를 이용하여 종이를 두들기게 된다. 이때 풀을 먹이면서 방망이질을 하는데 그러면 울퉁불퉁하던 종이가 고르고 윤기가 나는 상태가 된다.

2.5.17. 제작행위 관련 용어

1) 지르다

백닥을 깨끗하게 하기 위해 표백제를 푸는 것을 지른다고 한다.

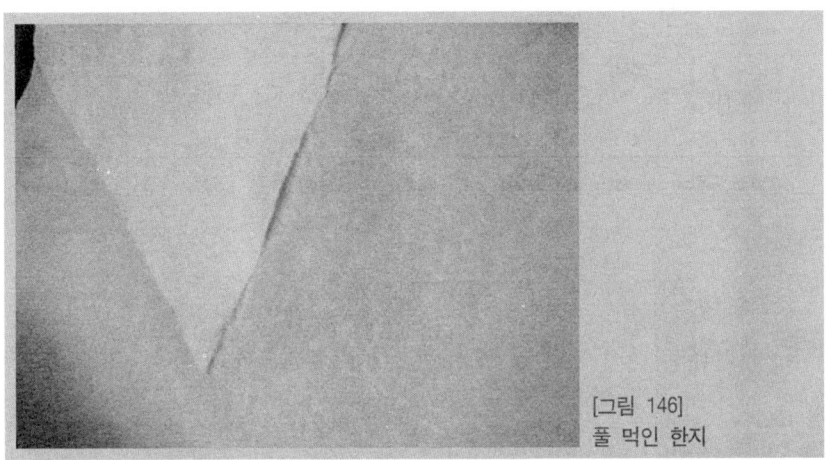

[그림 146]
풀 먹인 한지

2) 돈내기 · 장뜨기

임금을 지불하는 방식에 지공이 수공을 받을 때 뜬 종이 수만큼 받는 것을 일컬어 돈내기, 장뜨기라고 한다.

2.6. 한지

2.6.1. 한지 · 닥지

우리나라에서 닥나무를 이용하여 전통제조법으로 만든 종이를 한지라고 한다. 닥나무가 재료이어서 닥지라고도 한다.

2.6.2. 한지의 종류

한지의 종류는 재료, 상태, 용도, 제작도구, 제작방법에 따라 나뉜다.

1) 재료와 상태

(1) 피지·막피지·막지·막종이·나쁜종이

재료에 의한 한지의 종류는 다양하지 않다. 흑피로 만든 종이를 피지라고 한다. 흑피로 만든 종이는 종이가 질기지 않다. 그래서 피지를 막지, 막피지라고 한다. 막지를 막종이, 나쁜종이라고도 한다.

(2) 떡지

종이를 잘못 떠서 흠집이 생긴 종이나 사용할 수 없을 정도로 완전히 잘못 떠진 종이가 있을 수 있다. 종이를 잘못 떠서 떨어지지 않고 뜬 종이가 다 붙어버린 것을 떡지라고 한다.

(3) 발초자리·바람들다

또 한지 위에 발초자국이 난 것을 발초자리라고 하고 종이를 잘못 떠서 종이 사이에 공기가 들어간 것을 바람들다라고 표현한다.

2) 용도

(1) 창호지·순지

종이는 용도에 따라서도 종류를 나눌 수 있다. 한지는 여러 용도로 사용이 됐는데, 가장 많이 이용된 것이 창이나 문에 바르는 창호지일 것이다. 창호지를 순지라고도 한다.

(2) 속지

도배하기 전에 바르는 종이를 속지라고 한다.

(3) 소지·소지종이·불천지

부정을 없애기 위해서나, 신에게 소원을 빌기 위해서 흰 종이를 태워

공중으로 올리는 종이를 소지라고 하는데 소지를 하기 위한 종이를 소지 종이, 소지라고 하고, 불천지라고도 한다.

(4) 제면지

제사 때 제상 위에 펴 놓는 종이를 제면지라고 한다. 제면지는 기름을 먹여서 만든다.

(5) 족보지

족보를 만들기 위해서 만든 종이를 족보지라고 한다. 족보지의 질은 한지 중에서 최상품이다.

(6) 장판지

장판으로 사용하는 종이도 있다. 이를 장판지라고 하는데 장판지는 기름을 먹여서 만든다. 장판지는 여러 장의 종이를 붙여서 만드는데 종이를 몇 장 붙여서 만드느냐에 따라 삼합장판, 오합장판 등으로 구분한다.

(7) 사고지

습자를 하거나 고사를 지낼 때에 쓰는 작은 백지가 있다. 이를 사고지라고 한다. 보통 한지보다 더 얇다.

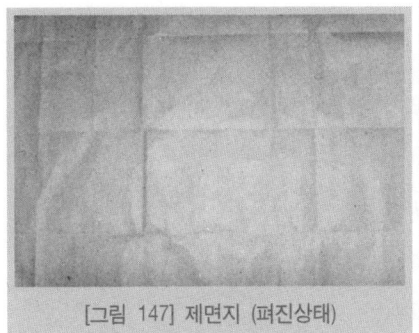
[그림 147] 제면지 (펴진상태)

[그림 148] 제면지 (삼단접기)

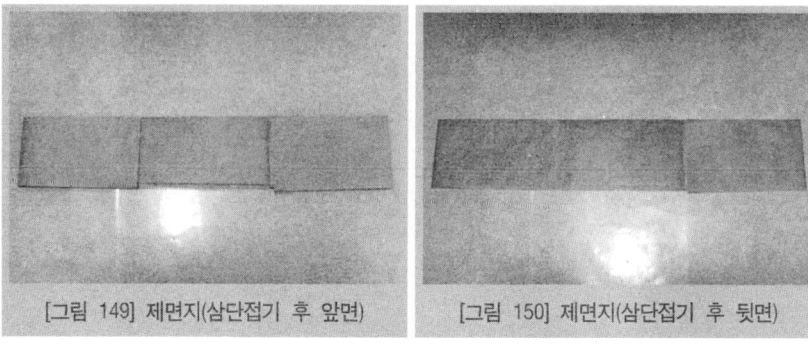

[그림 149] 제면지(삼단접기 후 앞면) [그림 150] 제면지(삼단접기 후 뒷면)

3) 제작 도구

(1) 손종이·손지

종이를 무엇으로 만들었느냐에 따라 종이의 종류를 분류할 수 있다. 한지는 전통적으로 직접 손으로 만든 종이이다. 그래서 한지를 손종이, 손지라고 한다.

(2) 기계지

그러다 기계가 발달하면서 한지를 대량으로 만들기도 했는데, 이를 손종이와 구별하여 기계지라고 하였다.

4) 기타

(1) 크기

① 장지·사각지·백호지

한지의 종류는 크기에 따라서 분류된다. 장지, 사각지, 백호지는 큰 종이의 일종이다.

(2) 제작 방법

한지의 종류에는 홑지와 겹지가 있다.

① 홑지
홑지는 한 장으로 만든 한지이다.
② 겹지・음양지・합지・배접지
겹지는 두 장 이상을 붙여서 만드는 한지이다. 겹지는 두 장 붙여서 만든 종이이다. 이를 겹부치기라고 하며, 음양지, 합지라고도 한다. 종이를 여러 장 붙여서 만든 종이를 배접지라고 한다.
 ○ 이합지
이합지는 겹지를 다시 한 번 더 붙인 종이이다.
 ○ 삼합지
삼합지는 겹지를 세 번 붙인 종이를 가리킨다.

2.6.3. 곤

1) 곤, 연
한지를 삼등분해서 접은 종이 20개 묶음을 곤이라고 하였고, 한지 50장을 세는 단위는 연이다.

제5장 광부용어

1. 구술 생애

1.1 한재희(54)의 구술 생애

[그림 151] 한재희

문 성함과 나이, 주소를 말씀해 주십시오
답 제 이름은 한재희구요 나이는 만 오십 셋이고, 강원도 태백시에 살고 있습니다.

문 예전의 태백의 모습에 대해 말씀해 주십시오
답 78년도에 그때는 황지죠 인제, 황진데. 그때는 장성읍하고 황지읍이 돼 있었거든요. 과거에는 삼척시·군 인제 행정구역상 이래 돼있었고, 저는 뭐 태생이 강원도 강릉이기 때문에 강릉도 인근에 보면 광산은 있는데, 가족이라든가 뭐 직접 핸 분이 없기 때문에 항상 생소한 곳으로 해갖고 자원공학이 전공이기 때문에 태백에 취업차 인제 생소한 곳에 와보니까, 온 동네가 쌔까맣고, 산 중턱에 광산이 곳곳에 산재돼 있었고 강릉도 뭐 큰 도시는 아닙니다마는 왔을 적에는 상당히 낯설은 거리고 또 탄 자체가 쌔까맣기 때문에 분위기상 좀 서늘한 그런 면도 없지 않아 있었어요. 그때 당시에는 뭐 집들도 지금같이 아파트가 있다던가 그런 게 일절 없었거든요. 거 뒤우로 인제 5층 아파트가 생겼고 회사 사택 같은 경우에는 두 칸짜리 슬레이트 집, 초라하기 이루 말할 수 없지요, 인제. 집도 불규칙하게 이렇게 건축이 돼 있었고, 시내 건물도 뭐 칼라라던가 이런 게 상당히 좀 칙칙한 그런 칼라 톤으로 돼 있었고 사람들은 전부다 옷 색깔이라던가 이런 거 밝은 색 별로 없고, 이게 도신지. 황지 시내에서 벗어나면 거는 영세 탄광이 많기 때문에 또 목욕도 제대로 못하고 탄 실어 나르는 차, 송탄차라고 그래지요. 인제 탄이 막 날리고 지금같이 환경적으로 이렇게 제재하는 게 아니기 때문에 탄가루가 인제 해다보니까 바람만 불믄 날리고 그래갖고 주로 도심지 밖에는 어른들도 장화 신고, 비 왔다 이래면 온 바닥이 쌔까맣고 이러니까. 막말로 해갖고 여자 없이 살아도, 장화 없이는 못 산다는 그런 말 정도가 있었거든요. 근데 인제 태백시로 승격돼갖고 전체로 나아져갖고 지금 환경이라든가 이런 기 탄광도 많이 폐광 됐고 지금 기존 남아있는 거는 인제 세 개 탄공. 과거에는 마흔다섯 개 탄광이 가동이 됐었거든요. 그게 다 인제 합리화 정책 때문에 폐광되고 해갖고 지금 남아있는 건 세 개 탄광이 남아있는데. 도심지라든가 그때 비할 바가 못 되지요. 많이 인제 향상됐고

문 마흔다섯 개 탄광이 가동이 됐다면 일하시는 분들이 굉장히 많으셨으리라 생각됩니다. 그에 대해 말씀해 주십시오.

답 예, 그렇지요. 그때 당시에 한창 많을 때는 태백시 인구가 12만이 됐거든요. 지금이야 인제 5만 쪼끔 더 됩니다마는. 그러니까 광원들이 비례해 갖고 상당히 많았지요. 여기에는 인제 보면 탄광 근로자들이 전국에서 모여 된 도시죠, 쉽게 말하면. 물론 여 사신 분도 있지만은. 탄광에 직장을 얻으러 와갖고 인구가 12만씩 이렇게 됐지요, 인제.

문 태백에 어떻게 오시게 되셨는지 말씀해 주십시오.

답 그때 군에 제대했으니까, 스물일곱. 그래 됐지요, 인제. 군에 제대 해갖고 이제 학교를 졸업하고 졸업 안 한 사이에 인제 여기 왔어요, 취업차.

문 어린 시절을 어떻게 보내셨는지 말씀해 주십시오.

답 뭐 강릉서 태어나갖고 고등학교꺼지 자랐는데, 인제. 어머니, 아버지 다 살아 계셨고 우에 형이 두 분이 계셨고, 여동생 셋. 고등학교꺼지 다니고 학교를 나온 게 인제 삼척, 삼척공전이죠. 지금 현재 강원대 삼척캠퍼스로 돼 있는데. 고개 졸업과 동시에 태백을 오게 되었지요, 인제.

문 결혼을 하시게 된 과정을 말씀해 주십시오.

답 태백에 와갖고 저가 잠시 함태탄광이란 데 근무하다가, 쫌 나은 광산으로 대한중석이라고 과거에 있었어요. 대한중석에 가갖고 한 1년 가까이 근무하면서 저의 집사람을 읍사무소에서 주민등록 신고하러 가면서 인제 만나게 되었지요. 그래갖고 저가 거서 1년 가까이 근무하다가 다시 본 회사로 재입사를 핸 거죠, 인제. 그러면서 집사람이 영월 상동 읍사무소에 근무했었지. 집사람은 공무원 생활이 인제 몇 년이나, 30년. 그래가 뒤늦게 81년도에 태백시가 승격되면서 전출 조건이 돼 있어갖고, 요구를 해갖고 이렇게 넘어온 상황이죠, 인제. 82년도에 결혼을 해갖고 1남 2녀를 지금 두고 있고 큰애는 대학교 졸업했고, 둘째 놈은 대학교 다니는데 지금 중국 들어가 있고 아직 졸업은 안하고 막내가 머스만데, 지금 고2

로 학교에 다니고 있죠, 인제.

문 살아오시면서 가장 기뻤던 순간으로 기억되는 때가 있으시면 말씀해 주십시오

답 뭐 일단은 결혼을 해갖고 애를 인제 딸아이를 둘을 놓다가 뭐 태백산도 많이 올라가고 그래갖고 머스마, 막내를 머스마를 낳았을 때가 기중 인제 기뻤지요.

문 살아오시면서 가장 힘드셨던 순간으로 기억되는 때가 있으시면 말씀해 주십시오

답 뭐 슬픈 게 많겠지만, 광산 중에 감독할 때 제 작업자 한 명이 작업 중에 순직한 것. 인제 고게 상당히 좀 마음에 많이 걸리죠. 광산에 인제 굴속에 노구리라고 있거든요. 그중에서 경사지게 올라가는 좁다란 고런 갱도로 올라가 중간에서 작업을 하다가 천정에서 암석이 떨어져갖고 낙반 사고로 죽은 상태지요, 인제. 그때가 제일 가슴 아프고, 좀 슬프지요. 작업자 죽는 거. 군대로 말하면 전사, 부하를 잃었다는 그런 생각이 좀. 광산에서는 그런 사고가 과거에는 많았어요 그때는 광산 숫자가 많으니까, 그 매일 사고 나다시피 인제 하고, 순직 사고 그런 게 상당히 많았지요 지금에는 현대화 되고, 그때는 상당히 재래식이었거든요. 작업자들도 그때는 교육도 미비했었고 작업 조건이 상당히 악조건이었지요. 그러다보니까 사고도 빈번하게 좀 많이 났지요, 인제.

문 탄광에서 직접 채탄작업을 하신 경험이 있으시다면 말씀해 주십시오

답 저는 직접 탄 캐는 일을 한 거는 아니고 전공이 인제 자원공학이었기 때문에 실지 가갖고 저는 인제 감독으로서 작업자를 50명, 60명씩 델고 3교대 돌아가면서 탄 파는 데 가 작업 지시하고, 인제 관리자죠 관리자이면서 일선에서 뛰는 소대장이죠, 그 역할을 말하면.

문 탄을 캐는 전반적 과정에 대해 상세히 말씀해 주십시오

답 광산에 인제 그때는 근무 체제가 3교대로 되거든요. 3교대 갑반, 을반,

병반이 돼서, 3개 조로 나눠서 1주일씩 인제 돌아가거든요. 1주일 하면 은 또 그다음 인제 시간대가 바뀌고, 바뀌고 이래갖고 3교대로 지금 하 고 그때 당시에 인제 하고 있는데. 첫 출근을 하게 되면 밖에서 인원 점 검. 이제 고 밖에서 옷 입고 온 걸 벗어놓고 작업복으로 갈아입는 탈의 실이 있거든요. 고다 인제 옷을 보관하고 갱 입구에 일정한 장소에 모여 모든 작업 지시를. 조의 감독을 인제 보안법상에는 보안계원이라 그러지 요. 그게 흔히 요즘 작업반장이라 그러지요, 인제. 회사마다 조금 차이는 있어요, 반장이라 하는 데도 있고, 감독님 인제 감독이라 그러죠. 감독하 면은 고 인원을 파악해갖고 탄 파는 데가 굴속이기 때문에 인제 거리가 멀 것 같은 경우에는 작업복을 다 갈아입고 헤드램프를 인제 끼고 고 가면 취급해주는 데가 있거든요, 저 안전등실이라고 밖에서 인제 거 들 어가면 안전등을 머리에다가 부착을 시키고 고다음에 인제 거리가 멀 것 같은 경우에는 인차를 타고 들어가요, 거게 들어가는 굴속으로 다니 는 차가 있거든요. 거기 보믄 인제 의자가 이래 척척 돼 있어갖고, 쭉 연 결돼있지. 굴속에 들어가면 안에 상당히 넓게 해갖고, 음 작업, 작업 시 설하고 따로 있습니다. 고가면 의자도 있고, 전기도 다 들어가 있으니까 고서 식사도 하고 인제 그런 식으로 인제 작업지시도 고 와서 최종적으 로 감독끼리 서로 인수인계가 고서 이루어지는 거지요, 이제. 인수인계 받아갖고 고기에 적절하게 맞게 그날 작업자를 배치를 하는 거죠, 작업 개소마다. 막장에다가 뭐 A막장에는 몇 명, B막장은 몇 명. 인제 뭐 이런 식으로 배치가 되고 그러고 난 다음에 보안교육을 시키고 작업을 인제 각 방마다 투입이 되는 거죠, 인제. 그래가 8시간 근무하고 나오면 생산 보고라든가, 뭐 안전 이상 유무를 또 파악하고 다음 조인데다가 인수인 계를 다 해주고 인제 퇴갱을 하는 거죠 퇴갱을 해갖고 회사 내 목욕탕 이 있으믄 목욕을 하고 통근버스, 그때 당시에는 뭐 자가용 이런 게 없 으니까 음 회사에서 제공하는 통근버스를 타고 각 지역 사택마다 인제

가서 이제 집으로 귀향하는 거죠.

문 탄 캐시면서 어려운 점이 있으셨을텐데 말씀해 주십시오.

답 굴속에서 이루어지기 때문에 작업 조건이 밖에 작업하는 것보다 상당히 열악하거든요. 어두운 좁은 공간에서 작업하기 때문에, 작업자들이 굴속에서 일하면 부담을 안고 일 하거든요. 장소도 협소하니까 활동하는 범위도 좁고 조그만 소홀함으로 인해갖고 갱이 무너질 수도 있거든요. 그러기 때문에 감독도 항시 긴장감이 있고, 작업자들도 역시 상당히 마음에 부담을 안은 상태에서 조심스럽게 작업하는데. 회사 내에서는 책임량이라던가 계획량이 있으니까. 그 주에 생산할 할당량이 있거든요, 인제. 그 정도는 인제 생산을 또 해야 되니까. 굴속에 많이 들어가면 한 4Km씩 인제 막 들어가거든요. 통기 문제는 인제 갱외의 공기가 안으로 들어올 수 있도록 회사에서 기계적으로, 인위적으로 다 조치를 하기 때문에 통기 문제는 큰 인제 그건 없지요. 먼지도 많이 날리고, 가스도 있고 굴을 뚫으면은 붕락될 우려도 있고 그러기 때문에 지지대 받치고 시공을 하기 때문에. 완벽한 거는 있을 순 없지요, 인제. 그래서 인명 사고도 많이 나고 그러는데.

문 굴속에서 일하시다보면 건강에 많은 무리가 따를 것 같습니다. 그와 관련해 말씀해 주십시오.

답 굴속에서 감독하다보면 방진마스크라고 인제 착용을 하는데요. 안에 아무려면 지열도 있고 작업하다 더우면 요걸 계속 착용하기가 좀 거북하죠, 인제. 이래 좀 많이 먼지가 나면은 계속 차기도 하는데. 뭐 잠시 쉴 때는 인제 벗어놓고 하는데. 그중에서도 미세 먼지가 공기 중에 인제 많이 떠다니지요. 그게 인제 호흡해갖고 나중에 직업병이란 인제 규폐란 병이 누적되면 인제 오래 되면 인제 폐에 침투되갖고 어떤 직업병으로 전환되는 수가 있지요. 일선에 가갖고 탄 캐는 걸 인제 채탄부라 그러는데, 그런 분들이 한 십 년, 이십 년씩 이래 하면은 규폐에 다 걸렸다고 봐도 과언이 아니죠.
문 석탄산업 합리화 정책 실시 이후에 달라진 모습에 대해 말씀해 주십시오.
답 89년도부터 정부의 석탄산업 합리화 정책에 따라갖고 문을 많이 닫았는데, 작업자들을 법에 따라갖고 보상을 해갖고 강제로 문을 닫게 만드는 그런 상황이죠, 인제. 탄광마다 뭐 조건이 있겠지만 정책적으로 인세 하니까 사업주가 인제 법에 따라 신청을 해갖고 인제 문을 닫게끔 고렇게 돼있었거든요. 태백으로 말하면 95년도에 인제 합리화 정책이 거의 끝났지요. 문 닫을 데는 다 닫고, 이제 기존 남는 건 세 개 남아있고 규정에 따라갖고 거 대책비라 그리거든요. 합리화 정책에 따른 폐광 실직비죠. 폐광 대책비 고거는 인제 광업권자인데도 돌아가고 문을 인제 강제적으로 닫았으니까 실직에 대한 보상, 그거는 인제 법에 따라갖고 적절하게, 고렇게 근속 연수에 따라갖고 충분한 댓가는 아니죠. 오래된 사람은 조금 낫게 탔어도, 적은 사람들은 그걸 갖고 어딜 가지 못하고 인제 그런 상황. 지금도 이래 보면 많이 여게 태백에 아직 잔류하고 있는 사람이 많지요, 인제. 떠나긴 많이 떠나도.

1.2 이기재(44)의 구술 생애

문 성함과 나이를 말씀해 주십시오.
답 예, 이기재입니다. 마흔 여섯입니다.
문 태어나 어린 시절부터 지내오신 과정을 말씀해 주십시오.
답 제가 여기가 고향이에요, 고향이고 저 밑에 인제 하장성이라고 걸어서 한 20분 되는데, 거기서 태어났습니다, 태어났고 형제들도 4형제가 광산에 다녔고, 아버지도 여기 다니셨어요. 다니시고 이래가지고, 지금 뭐 애들까지 하면 3대가 여 사는 거죠. 원래 고향은 경북이고 할아버지가 이제 여기 들

[그림 152] 이기재

어오셔서 사셔가지고 하다못해 이래 계속 여기서 살고 있는 거죠. 할아버지는 그전에 인제 경북에서 어 뭐라 해야되나 목상, 나무. 이제 그런 거 인제 하고 이러시다가. 여기서 가까워요, 저는 법전. 춘향있는데, 거기가 인제 고향이고 고기서 인제 대연 와서 사시다가 이쪽으로 들어오신 거죠. 그래 인제 광산을 하기 전부터, 광산 개발되기 전부터 실제적으로 여기 들어와 있었다고 볼 수 있죠. 엄마도 인제 고향이 여기고 그전에 아버님이 회사를 다니다가 그만 두시고, 여기 안 다닐 때. 가정적으로 그때가 가장 어려워요. 거기는 그전에 쌀이 꼬박꼬박 배급 나오고, 월급 꼬박꼬박 나오고 이러니까 굉장히 선망의 대상이었죠. 광업소 안 다니는 인제, 학교를 가 봐도 하여튼 차이가 날 정도로 어려서는 뭐 어렵게 좀 많이 컸죠. 형제가 워낙 많고 이래가지고 어떤 그런 고정적인 이제 그런 수입이 없으니까. 어려서는 하여튼 선망의 대상이 되는 그런 직업이었어요. 그전에 어머니인데 그런 얘길 많이 들었어요. 엄마가 인제 금천서 사셨거든요. 그럴 때에 일본 사람들이 말 타고 저 보통 춘향에서 이래 다 금천 쪽으로 해서 다 그전엔 다녔었거든요. 말 타고 요기 광산에 인제 찾으러 오고 그런 모습도 봤다 그러더라고. 보고 광산이 한창 개발됐을 때, 그전에 인제 지금 저쪽에 보이는 그 괴산동 그쪽에가 간부사택이라고 일본 사람들이 거기서 인제 살았죠. 옛날에는 하여튼 뭐 최고위층들만 살던 그런 데였어요. 거기서 보통 뭐 옛날 일본인들 옷 입은 거 이런 것도 보시고 또 외할머니가 일본 사람들 옷 한

벌 인제 얻어서 오면 그거 뜯으면 우리 옷 보통 두 벌, 세 벌 만들었다 하더라구요. 그렇게도 다 해가주고 그걸로 뭐 시장에 갖다주고, 팔고 인제 그런 것도 하셨다 하더라구요. 일본 뭐 옷이 폭이 넓고 이만하니까, 바지도 바지 하나면 우리 옷 하나 만들고 이럴 정도로 그거하고 인제 일본 사람들은 모든 걸 인제 깡통이나 이런데 담아서 배급도 하고, 그런 것도 보셨다 하더라구요. 그래서 아버지도 여기 인제 석탄공사를 그만 두고, 나가가주고 강원탄광 거기 다니셨어요. 거기 인제 감독하시고 이럴 때. 그땐 제가 인제 뭐 중학교 다니고 고등학교 입학했을 땐데, 그때 와서 인제 뭐 임금 주는 것도 계산하고 이러는 걸 쭉 봤어요. 보고 그러면서 특히나 인제 장성광업소 한번 드가봐야되겠다 하는 생각을 가지고 고등학교도 이제 뭐 태고 광산과 나왔고, 전문대학도 삼척 갔다가 하여튼 계속 광산쪽으로 진짜 계속 하는데. 그러고나서 뭐 큰형님도 울산서 현대중공업 다니다가 이제 아버님 돌아가시니까 동생들 때문에. 사실 그게 직장이 인기가 좋았거든요. 그래도 그때 울산 그 공채로 드가고 이래가지고 조건이 좋았어요, 조건이. 근데 형제들이 워낙 큰형님하고 막내하고 한 18년 정도 차아가 나요. 그러니 밑에 동생들이 있고 이르니까, 그만 두고 여 올라오시고 이래가주고 저까지 4형제가 하여튼 광산에 다녔고, 지금은 둘이, 내 우에 형하고 둘이 같이 다니고 있습니다. 많게는 보통 지금도 보면 한 4형제 정도 같이 다니는 그런 사람들도 있어요, 다.

문 어린 시절 기억 속의 태백의 모습에 대해 말씀해 주십시오

답 그전에 어렸을 때는 그 사람이 엄청 많았다고 하여튼 볼 수 있어요. 지금은 하장성만 해도 아, 사택이 참 많았는데. 지금 그쪽에는 뭐 완전 테마파크 짓고 이러느라고 사택이 남아있는 게 하나도 없어요. 그 정도로 하여튼 사람이 많았고 그전에는 이 석탄공사 다니는 게 어떤 선망의 대상이었죠, 그전에는. 그래서 이 인근 뭐 다른 도시에서 여기 장성광업소 들어오기가 굉장히 힘들었어요, 그전에는. 그리고 또 여기에 재직하던 선

생님들도 사택을 못 구해가지고 광업소에서 사택을 주고 그럴 정도로 사람도 많았고, 돈도 많았고, 여기는. 그전에 듣기로는 여기에 월급이 옛날에 뭐 포철이나 이런 데보다 거의 배 가까이 됐었다드라고요. 지금은 뭐 워낙 탄을 안 쓰니까, 사양화 산업이 되다보니까. 그전에는 하여튼 선망의 대상이었어요. 저도 어려서 아, 꿈이 진짜 여기 들어와서 반장 한 번 해보는 거였어요. 그 정도로 하여튼.

문 석탄공사에서 일을 시작하셨을 때부터 지금까지의 과정을 말씀해 주십시오
답 그전에 인제 여기가 1936년도에 일본 사람들이 여길 개발을 했어요. 그래 가주 1950년대에 그때 막 인제 석탄이 가장 중요한 우리나라 에너지원이니까. 그때는 뭐 군인들도 여와서 개발에 참여를 하고, 그렇게 했었거든요. 그래 하면서 그때가, 그때부터 해가주고는 가장 조건이 좋았죠, 여기가. 다른 어느 데보다도 어떤 여기는 뭐 그때 개도 만 원짜리 물고 다닌다 할 정도로 말이 여기 어 가장 많을 때 장성광업소 종업원이 한 5000명 됐었어요, 5000명 됐었고. 그때가 태백시 인구가 10만이 넘었었으니까. 지금 우리가 직영이 한 1172명, 그 다음에 아웃소싱으로 해서 외주 용역이 거의 한 600명 가까이 되니까 반반 정도는 되죠 워낙 또 손익으로는 우리 회사가 손익을 흑자를 낼 수 있는 조건이 안돼요. 정부에서 단가라든가 이런 걸 모든 걸 막아놓기 때문에 정부지원금 외로 하면은 거의 캐면 캘수록 손해를 보는 그런 구조로 이. 공기업이면서 서민들 연료 공급하는 그런 일. 그러니까 1년을 살림을 살면서 결손을 얼마나 적게 내느냐 그게 목표지, 흑자를 낸다는 그게 목표가 안돼요. 서민들의 연료를 대주는 그런 걸 갖다 최고로 하기 때문에 적자를 적게 내가주고 세금을 덜 쓰게 하는 그게 회사의 목표입니다. 제가 88년도 3월 3일 날 들어왔어요. 88년도에 여기 들어와 가주고, 본사에서 인제 임명장 받고 그때 여의도에 있었지요. 여의도에 인제 본사가 있을 때 그때까지만 해도 석공이 괜찮았어요, 괜찮고 여의도에 지금 뭐 MBC 별관, 바로 뭐 인도네시아 대사관 있는 데 고기 있었거든요.

그게 IMF 때 헐값에 넘겨가지고 지금 몇 천 억 되대요, 땅이. 우린 인제 정부에서 주도하는 기업이다 보니까, 정부에서 팔아라 이러면 팔아야 되는. 그리고나서 계속 셋방살이 다니다가 저기 수색 구석에도 가있고 그때에 들어올 때는 자부심을 가지고 들어왔죠 자부심을 가지고 들어오고 이랬는데. 그리고 훈련원도 지금 여기 다 밀고 없어졌어요. 그때 훈련원에 인제 석탄광산에 종사하는 사람들은 의무적으로 거기서 교육을 받게 돼있고 석탄공사에서 위탁교육을 다 시키고 할 때, 한 번씩 교육 드가면 한 1000여 명이 거기서 군대식으로 진짜 교육을 받을 정도로. 그 교육 받고나서 인제 일루 왔죠, 여기. 원하는 데가 저드리 그 도계에도 있고, 화순에 있고 그전에는 한 일곱 개 정도 됐어요. 함백, 나전, 영월. 그리구 저짝 강릉에 화순 광업소 지금은 장성, 도계, 화순 세 개 있죠. 그때 저들이 들어와서 인제 교육을 받을 때, 신입사원 교육을 받을 때, 그때쯤 돼서 약간 그런 합리화 인제 그런 얘기가 살짝 나왔었어요. 그때 우리나라 뭐 광산이 백 한 사십 몇 갠가 그 정도는 있었거든요. 그때부터 해서 고다음 해부터 인제, 그때가 민주화 욕구가 최고 셀 때였거든요. 그래서 여기 데모도 많이 하고 이 회사 들어오기 전에도 했고, 들어와서도 장기간 했었습니다.

문 가정을 꾸리시게 된 과정을 말씀해 주십시오.

답 91년도에 결혼을 사내결혼으로 했습니다마는. 97년돈가 명예퇴직 인제 첫 번째, 두 번째 할 때 집사람이 퇴출이 됐죠, 퇴출. 하하. 퇴출 돼가주고 지금 뭐 애들이나 보고, 인제 그래 합니다마는. 자녀는 저는 1남 1녀입니다. 중2, 중3이에요. 그때 인제 애들, 애들을 인제 저 처갓집이 또 여 가까이 있고 이래가주고, 즈그 때문에 맞벌이 하면서 장모가 애들 다 키워줬죠. 연년생인데 초파일 전후로 해갖고 연년생이예요. 딱 삼백 뭐 육십오일 정도 차이 나는. 음력으로 하면은 4월 7일, 4월 9일 이래 초파일 전후로 딱 연년생이래서. 어릴 때 키울 때는 좀 고생했는데, 어느 정도 크고 나니까 지금 둘이서 다 해결하니까. 둘이 어디, 뭐 집사람하고 어디

갔다 오고 그래도 그게 부담되고 이런 건 없어요. 그건 좋더라구요.

問 입사 후 어떤 과정을 거쳐 기획과장 자리에 오르시게 됐는지 말씀해 주십시오.

答 예. 제가 아 처음에 인제 발령을 받고 와가주고 인제 요 기획부에서 한 3개월 수습을 받았어요. 그때에 뭐 여기에 있는 각종 부서는 일주일씩 해서 다 교육을 받았습니다. 일주일씩 교육을 받고 나서 장성생산부에 발령을 받아 가서. 처음에 가면은 보통 인제 검수라고, 갱내에서 사람들이 인제 작업했는 거에 수량을 체크해서 거기에 알맞은 임금을 집행하는 거, 그런 작업. 옛날에는 지금은 거의 능률 월급제 되지만 월급젠데, 그 전엔 완전 도급제 아닙니까. 일 했는 만큼만 주니까, 그전에는. 요즘은 인제 완전 월급제도 아니고, 능률급제입니다, 능률급. 어느 수준에 목표 능률에 오르면 거기에 해당하는 인제 돈을 주니까. 저들이 인제 임금의 기초가 탄입니다, 탄. 탄 1톤 캐는데 얼마 이래가지고 열 명이서 뭐 어느 어느 정도의 탄을 캤다면 그 돈 그 탄으로 탄 캤는 거를 인제 톤당 환산을 해서 자기 임금이 되는 거죠. 생산부 내에서도 개소가 있어가주고 자기가 작업하는 인제 거 구역이 다 따로 있습니다. 인제 캐는 거는 다 다르게 캐지만, 나와가주고는 계산이 다 됩니다, 그게. 돼서 일단 네 개 생산부의 탄이 한 군데 다 합쳐져서 이수갱으로 올라오는거죠 이수갱에 탄이 실리면 그게 누구 탄인지 모르죠. 일단 그래서 나와서 인제 판별부에서 정탄을 만들어가주고 발전용으로 나가야 될 거는 좀 급수를 높이고, 민수용 연탄 찍는 거는 인제 한 5급탄, 6급탄 정도면 되고 발전소는 2, 3급탄 나가고 그러고 인제 검수가 끝나면 인제 막장에 드가서 사람들을 데리고 인제 통솔하는, 그전에는 반장이란 직책이 있었습니다. 반장부터 시작하는 거죠 관리직 인제 처음 시작하는 게, 그때는 관리직이 고 사람이 얼마나 많았는지 목욕을 하고 올라오면 일지 쓸 자리가 없었어요, 관리직들이. 그 사무실에 얼마나 많은지. 최고 쫄따구니까 일지 들고

있다가 고참들 쓰고 나면은 앉아가지고 일지 쓰고 결재 드가고 이랬거든요. 그 정도로 인제 그때 장성 생산부 그 전체 인원하고 지금 광업소 전체 인원하고 같을 정도로 그때 장성 생산부가 인제 최고 컸는데, 그때 한 천여 명 가까이 됐었거든요. 근데 지금 그 생산부 하나의 규모밖에 안 되는 거예요, 전체적으로 그 정도로 인제 인원이 많고 그랬었는데. 반장 직책을 하고 나서 인제 반장 직책이 없어지면서 인제 계장 단위의 직책이 됐어요. 계장 단위의 직책으로 있다가 제가 딱 10년 되던 98년도에 생산과장이 됐죠. 생산과장 돼서 한 20개월 정도 있다가, 고다음에 인제 지금 그 직책이 없어졌지만 개발과장이라고 있습니다. 그 항 전체 살림을 인제 사는 거예요, 전체 인제 뭐 행사 주관이라든가 모든 거를 인제 하는 게 개발과장이 있고, 고 우에 부부장이 있고, 부장이 있거든요. 개발과장은 인제 나머지 항 전체적인 인제 살림을 사는 거예요. 규모라든가 이런 걸 짜고 이렇게 고런 인제 개발과장을 거쳐서 고다음에 인제 부부장 하다가, 중앙생산부 부부장을 한 3개월 했습니다. 3개월 하다가 인제 기획과장으로 올라왔죠. 그래 인제 햇수로는 3년 되구요, 달로 하면은 3년 좀 안되죠. 85(2005)년도 8월 달에 인제 여 와가주고, 한 3년 좀.

문 실제 채탄작업을 하신 경험은 없으셨습니까?

답 탄 캐는 경험은 그 전에 어 함태있을 때 보조공으로 좀 해봤고요, 한 1년 정도 여기 인제 반장을 하면은, 반장, 계장을 하면은 거의 막장에서 같이 있어야 돼요. 그 사람들이 항상 거기서 발파를 하고 이래 위험이 항상 있기 때문에. 작업을 뭐 감독이라고 하지만은 거의 같이 생활을 해야 돼요. 그 안에서 같이 밥 먹고 그러기 때문에 아 진짜 죽을 고비도 여러 번 넘겼고 한 번씩 뭐 매몰되보기도 하고, 매몰된 사람 구출도 하고 또 뭐 출수라 해가주고 가장 겁나는 게 인제 물이 터져나올 때. 그런 것도 여러 번 겪었고 또 그 매몰되고 핸 사람 구출도 쫌 해봤고 특히 우리 이제 생산부 아니고 다른 생산분데, 드가서 드가서 큰 사고가 나가주고 그래가꼬 진짜 뭐 다 죽어가는 사람도 살려봤고 또 죽은 사람도 목격도 했고, 이제 그런 사람들 구출해서 후송도 보내고 하여튼 뭐 18년 정도에 뭐 말로 다 못할 정도로 어려움을 많이 겪어봤죠.

문 아버님께서는 어떤 일을 하셨습니까?

답 아버지도 맨 옛날에 그 채탄 막장에서 일 하신 것 같아요. 이 뭐 여기 다 니면서 거의 허허 이런 말씀 하면 못하지만, 거의 출근을 잘 안 하시 는 그런. 하하. 여기는 어 자기 힘들고 이러면 출근 안 하고, 이렇게 다른 기업하곤 좀 틀려요. 육체적으로 근무를 많이 하기 때문에 어떤 정해진 그 그거 외에는 결근을 아무 때고 다 할 수가 있어요. 만근을 하는 사람 은 하지만은 우리가 인제 보통 월에 삼공 정도는 자유롭게 기냥 놀 수 있어요. 직접 채탄하시는 분들은. 육체적으로 하기 때문에 피로감 같은 경우는 하루에 뭐 내일이 다른 데처럼 내일이 결근 하겠습니다, 이게 안 돼요. 갑자기 아플 수도 있고 힘이 들고 이러면 그냥 아침에 도시락 싸 지 마 이러면 그날 출근 안 하는 거예요.

문 요즘 탄광 내에서 식사하시는 모습에 대해 말씀해 주십시오

답 요즘은 뭐 도시락 집에서 싸갖고 다니는 사람들은 없어요. 식당에서 다 싸가지고 1회용 도시락에 싸서 그냥 가서 먹고 버려뻐리고 오고 이러는 데. 그전에 뭐 제가 관리자 할 때만 해도 퇴근할 때 매일 도시락 떨거덕 떨거덕 거리고, 도시락 가방 매고 다니는데. 요즘은 그런 거는 없어요 물도 여기 뭐 안에 다 공급되고 단지 인제 땀 많이 흘리시는 분들은 집 에 냉장고에다 얼음을, 얼음물을 얼궈주고 가져가고 이러시는데. 그렇 지 않곤 여기 뭐 시원한 정수기 물 나오고 또 안에 또 다 물이 공급이 되 니까, 물을 뭐 요새 떠갖고 다니고 이런 건 별로 없는데. 단지 작업복은 한 벌씩 더 갖고 다녀요. 땀을 많이 흘리기 때문에. 옷을 한 벌 나올 때 갈아입고 겨울 같으면 특히 외투. 여 감기에 최고 취약하죠, 온도가.

문 지내오시면서 가장 기뻤던 순간으로 기억되는 때가 있으시면 말씀해 주

십시오.

답 글쎄요. 그래도 뭐 살면서 가장 기뻤던 게 인제 첫 번째는 집사람 만났을 때고, 고 다음에 애 났을 때겠죠, 뭐. 그 다음으로는 인제 뭐 진급했을 때, 그거죠 뭐. 아니 하여튼 뭐 같이 여 직장 다니면서 애들 키우고 이러느라고 고생도 많았고 그러나 지금은 뭐 다리가 좀 불편하고 이래가지고, 좀 어려움을 많이 겪는 것 같애요. 그래가주 특히나 좀 그런 마음이 더 들죠 애들은 또 말 잘 듣고 가정에서는 뭐 큰 뭐 불화는 없어요, 없고 그래 그게 인제 좋은 거고 다른 뭐 크게 여 살면서 뭐 돈을 많이 벌어야 되겠다 이런 욕심은 없고 그냥, 여 어려서 좀 어렵게 이래 크다보니까 가정에 좀 안정되게 이렇게 하여튼 말썽 없이 큰 불화 없이 사는 게 가장 좋은 것 같고요. 뭐 회사에서 또 뭐 사택도 좋은 거 주고 그러니까 그것도 뭐 최고 하여튼 만족하고요.

문 지내오시면서 가장 슬펐던 순간으로 기억되는 때가 있으시면 말씀해 주십시오.

답 크게 뭐 언제 슬펐다 이러는 거는 아직까지 생각은 안 해봤어요. 그냥 우울하고 이런 건 있겠죠. 어렵고 뭐 힘들고 이런 거는 수시로 뭐. 여 들어왔을 때 2년, 3년 됐을 때 생각했던 거하고 좀 틀려가주고 그만 둘까 생각도 많이 했었고, 좌절도 많이 했었는데. 차라리 그때 뭐 학교에서 나딴 데 취직 알아줄 때 그때 글로 갈껄 이런 생각도 많이 했는데. 지금은 뭐 내가 생각했던 그런 목표 이상으로 계속 올라가니까 만족하고 슬프고 이런 거는 못 느끼겠습니다.

문 지금까지 지내오시면서 인상에 강하게 남은 순간들이 있으시다면 말씀해 주십시오.

답 어렸을 때는 일단은 하여튼 먹고 사는 게 가장 중요했으니까. 그때는 주변 환경에 신경 쓸 그건 아닌데. 지금 생각해보면은 많이 인제 지역이 많이 그전에는 낙후가 많이 됐다 그런 걸 느끼죠, 지금 생각해보면. 쉽게 애기해서 애들이 그림을 그려도 도화지에다 강물을 까맣게 그릴 정도로 글쎄요, 저는 그런 그림은 안 그려본 것 같애요. 근데 그런 얘기를 뭐 하더라구요, 하는데. 지금 생각해보면은 그래요, 그전에 야 지금 내가 그런 데서 어떻게 살았나 싶을 정도지만은. 일단 사람이 많고 지역이 또 그 좀 경제가 활성화 돼 있었죠, 북적북적거리고 어려서 여 배급소 쌀 주는 날이 최고 기뻤어요, 진짜. 쌀 타러. 하하. 쌀. 쌀을 인제 보통 그전에는 주식이 거의 쌀이잖아요, 쌀이니까. 웬만한 가정에 그냥 쌀 타러 오면 한 가마니씩 타는 거예요. 요새처럼 몇 키로씩 이래 사먹는 게 아니고, 한 가마니씩 타고 이래면은 어 배급소가 따로 있었어요. 광업소에서 일괄적으로 인제 사가주고 주니까. 그 사람들이 쌀에 대해서 그렇게 인제 구애를 안 받았죠. 그리고 나서 나머지는 인제 월급을 봉투로 주고 그래서. 여기 뭐 음식점이고 뭐고 흥청흥청했죠, 진짜. 흥청흥청할 정도로 인제 그렇게 경기가 좋았고, 그런데. 인제 합리화 사업을 하면서 폐광이 계속 됐잖습니까? 폐광이 되면서 어떤 뭐 복구를 하는 그런 것도 아니고 그냥 다 버리다시피 다 버리고 가면서. 황지 쪽이 지금 가면은 그렇게 표시가 안 나지만은, 그전에는 한 10여 년 전만 해도 올라가면은 모든 산이 그 버려놨는 경석이나 이런 것 때문에 주변 둘레가 온통 새까맸었거든요. 근데 지금 뭐 합리화 사업단이 생기고, 광해 복구 사업단이 생기고 이러니까 지금 그게 감춰져 있지만은, 실제적으로 그게 파면 전부다 온산이 꺼멓거든요.

문 사고를 겪으신 적이 있으시다고 하셨는데 그에 대해 말씀해 주십시오

답 제가 인제 생각나는 거는 연도는 정확히 모르겠는데. 그때 인제 중근이란 걸 아시죠? 중근, 중근 아세요, 중근? 인제. 내가 인제 병방을 하고 뒤에 인제 계장이 나와야 되는데 안 나왔어요. 그럼 그냥 들어가는 거예요, 그 자리에 다시. 우리는 이제 3교대 했었거든요. 처음에는 갑, 을, 병 해 갖고 여덟 시간씩 3교대를 했었는데. 이제 2교대로 전환이 되고, 또 주 5

일제로 인제 전환이 됐는데. 3교대 할 때 인제 병방을 하고, 병방은 인제 밤 시간에 11시부터 고 다음날 인제 7시까지 인제 근무하는 건데. 다시 인제 갑방을 들어갔죠, 갑방을. 인제 뒤에 계장이 안 나와가주구 들어갔는데. 아 중앙 쪽에, 그러니까 인제 굴진만 하는 그쪽에서 사고가 났다 해가주고 제가 급히 갔죠 가니까 이거 혼자서 해결할 문제가 아니라서 막장에 작업하는 인원들을 다 데리고 걸 갔는데. 한 사람은 인제 거 압사해가주고 순직을 했고, 밑에 한 사람은 막 숨 숨이 넘어가기 일보 직전인거라. 그래 보니 뭐 눌려가주고 숨을 못 쉬고 있더라구요 그래서 급히 구해냈어요. 구해나가주고 그양반 뭐 구해내서 바로 인제 병원으로 후송을 시키고 세 명이 그 다쳐있는 상태에서 한 명이 가장 좀 심했는데. 그 사람 살았어요, 살았는데. 나중에 뭐 고맙다 말도 못 들었지만은. 그때 하여튼 그때 그렇게 좀 살리고 어쨌든 뭐 그러고 나면은 일단 기분이야 좋죠, 일단은 뭐 그런. 또 한편으론 또 순직핸 분인덴 안됐고 그런 것도 있고, 또 또 한 번은 제가 인제 토율날에 급하게 인제 서울을 갈라고 차표를 끊어놨는데, 막장에서 인제 붕락이 돼 가주고 중간에가 인제 길이 차단된 거죠 중간에가 인제 갇힌 것이, 저 안에 세 명인가 있고 근데 빨리 인제 구출을 해야 하니까. 구출하는 인제 과정이 힘들죠 탄은 계속 쏟아지니까, 인제 막아야 되니까. 계속 막으면서. 그래가주고 어 딱 퇴근 시간에 그분들 구출했어요. 아무 이상 없이. 그땐 진짜 뭐 날아갈 것 같이 기뻤는데. 하여튼 그 과정에서는 어떤 진짜 초인적인 힘을 발휘해가지구 죽을똥 살똥 하여튼.

문 갇히신 경험도 있으시다고 하셨는데 그에 관해 말씀해 주십시오

답 이 안에 인제 보통 갇히고 이래도, 뭐 그 사람들이랑 같이 있으면 아무래도 혼자 있는 것 보다는 나아요. 그래서 그때는 뭐 어 갇히고 이래도 바깥에나 여기서 어떤 조치를 다 해주니까. 안에 충분한 공기만 인제 들어오면 크게 걱정할 건 아니거든요. 시간이 얼만큼 되느냐. 예. 그거는

하여튼 저 막장까지 이 압축공기가 들어오죠, 들어오니까. 그 바람만 들어오면 뭐 크게 그건 아닌데. 그 붕락이 될 때 그 위치에 있으면 인제 위험하지만은, 그렇지 않고는 뭐 거의 시간이 그렇겠지만 구조는 된다고 봐야죠.

2. 조사된 어휘

2.1. 광부

2.1.1. 종류

1) 갱내부

갱내 작업에 종사하는 노동자를 갱내부라고 한다.

2) 갱외부

갱외에서 작업에 종사하는 노동자를 갱외부라고 한다.

3) 수갱부

1, 2수갱을 담당하는 사람을 수갱부라고 한다.

4) 직접부

갱내부는 크게 직접부와 간접부로 나눌 수 있다. 직접부는 막장에서 직접 작업을 수행하는 인원으로 채탄부, 굴진부, 보갱부가 있다.

5) 간접부

간접부는 직접부를 지원 또는 보조하는 작업원으로 기계, 전기, 운반 등에 종사한다.

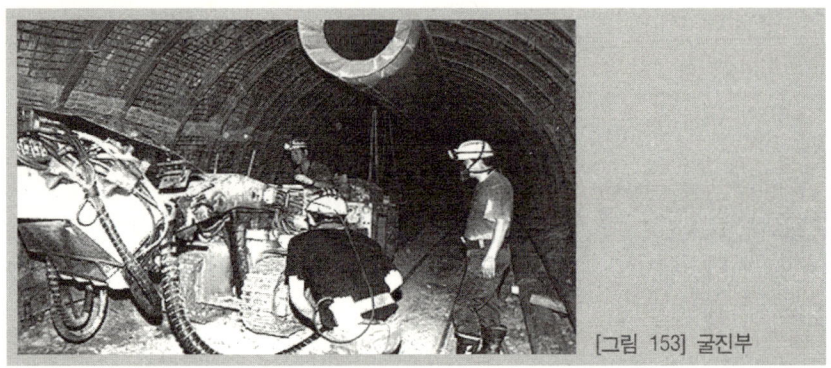

[그림 153] 굴진부

6) 선산부

직접부 중 채탄의 경우 채탄에서 선임 일꾼을 선산부라고 한다.

7) 후산부 · 보조공

선산부의 일을 보조하는 미숙련공을 후산부라고 한다. 후산부를 보조공이라고도 한다.

8) 양성공

광부가 되기 위해 교육을 받는 사람은 양성공이라 한다.

9) 오야

탄광에서 경험이 많은 관리자를 오야7)라고 한다.

10) 임시부

임시부는 신입 광부이다.

11) 굴진부

갱도를 굴착하는 주 임무인 기능공을 굴진부라 한다.

12) 채탄부

직접부 중 직접 탄을 생산하는 작업원을 채탄부라 한다.

13) 보갱부

갱도 내 동바리가 파손되거나 새로 붕락될 위험이 있는 곳을 보수하는 작업자를 보갱부라 한다.

14) 장공조

갱도를 만들기 위해서나 막장에 석탁을 채탄하기 위해서 폭약을 터뜨려야 한다. 폭약을 장착하기 위해 구멍을 뚫고 폭약을 터뜨리는 일을 하는 사람들을 장공조라고 한다.

15) 케이빙조 · 케이빙 보조

붕락시키는 조는 케이빙조라 하는데 케이빙 보조를 케보라 한다.

---

7) 일본어, 두목 또는 계주, 『표준국어대사전』.

16) 채준조

동바리를 세우는 조를 채준조라고 한다.

17) 유탄

캐 낸 석탄을 흘러가게 하는 일을 유탄이라고 한다. 유탄은 체인컴베아에서 떨어진 석탄을 올리는 일을 하는 사람을 일컫기도 한다.

18) 승구유탄

캐 낸 석탄을 광차에 탄을 받는 일이나 그런 일을 하는 사람을 승구유탄이라고 한다.

19) 송탄

운반 갱도에서 2 수갱 로터리 덤프까지 석탄을 꺼내 주는 일이나 꺼내 주는 사람을 송탄이라고 한다.

[그림 154] 유탄

[그림 155] 괴석을 깨는 유탄

20) 궤도공 · 권양공

갱내에 철로 설치 기술자를 궤도공이라고 하고, 권양기를 운전하는 기술자를 권양공이라고 한다.

[그림 156] 채준

[그림 157] 굴진부

21) 선관원

갱내 철로나 물 배관, 풍관을 설치하는 사람을 선관원이라고 한다.

22) 충전공

갱외부에 속하는 근로자로, 안전등에 충전을 해 주는 기술자를 충전공이라고 한다.

23) 선탄부

캐 낸 원탄, 즉 석탄에서 보다[8]를 골라내는 작업자는 선탄부라고 한다. 선탄부 남자, 여자를 줄여서 선남선녀라고 한다.

(1) 수선부

수선부는 선탄부 중에서 손으로 탄을 골라내는 일꾼을 나타낸다.

24) 분석실

분석실은 석탄을 칼로리, 수분, 휘발분, 유황분 등을 분석하는 곳이나

---

8) 일본어, [보타], 질이 안좋은 탄.

사람을 나타낸다.

25) 공상

작입 중에는 여러 가지 사고가 있어서 상해를 입는 사람들이 나오곤 한다. 공적으로 상해를 입은 사람을 공상이라고 한다.

(1) 껍뻭공상

특히 허리를 다친 공상자를 껍뻭공상이라고 한다.

2.2. 도구

2.2.1. 압력기·압기

갱내에서는 화기가 있는 것은 사용할 수 없다. 그래서 갱내에서의 모든 동력은 압력을 이용한다. 이 압력을 통해 갱내의 풍관도 돌리고 불도 켜고 하게 된다. 이 압력기를 압기라고도 한다. 풍관에서 나오는 바람이 다른 통로로 빠져 나가지 못하고 바람을 조절할 수 있게 하기 위해 풍문을 만든다.

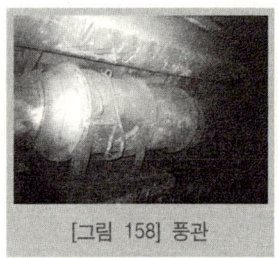
[그림 158] 풍관

[그림 159] 압력기

[그림 160] 풍문

2.2.2. 동바리[9]

갱내 지주목을 동바리라고 한다.

1) 목동바리

동바리를 나무로 만들면 목동바리이다.

2) 청동바리

동바리를 철로 만들면 철동바리라고 한다. 철동바리에는 아이빔이나, 에이치빔으로 동바리를 설치한다.

(1) 아이빔[10]

철동바리 중 영어 알파벳 I처럼 생긴 것을 아이빔이라고 한다.

(2) 에이치빔

철동바리 중 영어 알파벳 H처럼 생긴 것을 에이치빔이라고 한다.

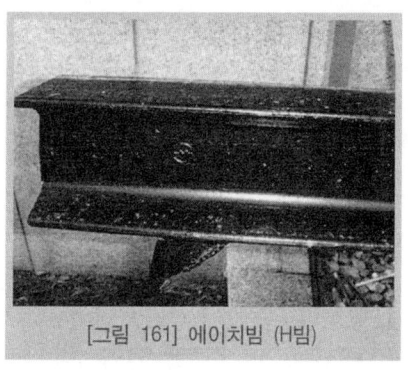

[그림 161] 에이치빔 (H빔)

3) 메시[11]

동바리의 각을 메시라고 한다.

(1) 3메시 · 4메시 · 5메시

동바리는 3, 4, 5 각으로 제작이 가능한데, 이때 3메시, 4메시, 5메시라고 한다.

---

9) 일본어의 일종, 정확한 어원을 알 수 없다.
10) 영어외래어, Beam, 건물이나 구조물의 들보나 도리, 『표준국어대사전』. 광부들은 모양에 따라 아이빔, 에이치빔이라고 부른다.

4) 부분명칭

(1) 아시12)

동바리의 세로를 아시라고 한다.

(2) 하리13)

동바리의 가로를 하리라고 한다.

(3) 절장

또 동바리와 동바리를 고정시키기 위해 그 사이에 댄 대를 절장이라고 한다. 절장을 기리바리라고도 한다. 동바리와 동바리 사이를 밀리지 않도록 하는 대이다.

(4) 타주

갱도 유지와 하리가 부러지는 것을 방지하기 위해 하리를 수직으로 떠받치는 가는 갱목을 타주라고 한다. 타주를 우찌바시라고도 한다.

(5) 쉬턱

동바리의 모서리를 쉬턱이라고 한다. 가로 세로의 동바리를 맞추기 위해 16도로 깎아내는 것을 턱이라고 한다.

① 애기집짓다 · 턱을따다 · 날리다

쉬턱을 맞추려고 나무와 나무끼리 서로 아귀를 맞추는 것을 애기집 딴다고 한다. 혹은 애기집 짓는다라고도 한다. 또 턱을 딴다, 날린다라고 표현한다.

---

11) 영어외래어, 체의 눈이나 가루 입자의 크기를 나타내는 단위, 『표준국어대사전』. 광부들은 동바리의 각을 일컫는 것으로 보인다.
12) 일본어, [하시라], 기둥.
13) 일본어, [하리], 들보, 대들보.

[그림 162] 쉬턱

② 인형쉬

인형쉬는 동바리의 한쪽이 높아서 불균형하게 동바리를 세우는 것을 말한다. 불균형하지만 한쪽을 큰 돌에다 구멍을 내고 동바리를 설치한다.
  ○ 팽이 깎다: 이때 동발의 끝을 다듬어서 바위에 고정시키는 것을 팽이깎는다라고 표현한다.
  ○ 쉬부: 동바리 맨 밑을 쉬부라고 한다.

(6) 꺾쇠

꺾쇠라는 동바리의 가로와 세로를 연결시키는 쇠붙이도 있었다.

(7) 목적

동바리 밑에는 목적(기꾸)을 했다. 이는 석탄이 밀려오는 것을 막기 위한 것이다.
  ① 땅목적·온목적

동발을 세우고 그 아래로 목적을 완전히 다 쌓은 것을 땅목적이라 하고, 온목적이라고도 한다.
  ② 반목적

반목적은 동바리를 세우고 그 아래로 반만 목적을 쌓는 것이다.

(8) 트라치(도라후)14)

목적한 밑에는 트라치(도라후)라고 쇠를 접어서 썰매처럼 만들어 목적 밑에 넣어서 떨어지는 석탄을 받아 끌어당겨 석탄을 캐 낸다. 트라치는 체인 컴베어 없을 때 사용하던 철판이다.

(9) 벽권 · 충진

이때 동바리 설치 후 굴과 동바리 사이를 나무 등으로 메꾸는 일을 벽권이라고 한다. 또는 충진이라고도 한다.

① 천장권

벽권, 충진 중에서 위를 메꾸는 것은 천장권이라고 한다.

(10) 쏠장질

동바리 사이로 탄이 흐르는 것을 방지하기 위해 나무판을 탄에다 박아서 탄이 흘러내리는 것을 막는 행위를 쏠장(질)이라고 한다.

[그림 163] 천장권

---

14) 일본어 발음, 영어외래어.

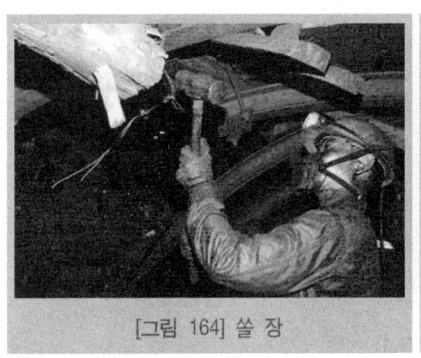
[그림 164] 쏠 장

[그림 165] 벽 권

2.2.3. 광차

1) 광차 · 탄차

탄광에서 이용하는 기차를 광차라고 한다. 광차를 탄차라고도 한다. 광차를 만든 재료에 따라 목광차와 철광차로 나눌 수 있다.

(1) 목광차
나무로 만든 광차를 목광차라고 한다.

(2) 철광차
철로 만든 광차를 철광차라고 한다.

(3) 실광차
실광차는 석탄이 실려 있는 광차를 나타내는 말이다.

(4) 공차
공차는 비어있는 상태의 탄차(광차)를 일컫는다.

2) 인차

인차는 인원 운반에만 사용하는 차량이다.

(1) 수평인차

수평 갱도에서 타는 인차는 수평인차라고 한다.

(2) 사갱인차

사갱에 맞게 만들어진 인차는 사갱인차라고 한다.

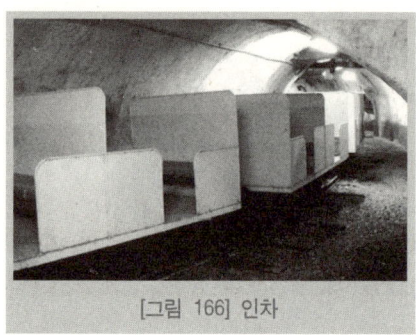

[그림 166] 인차

3) 대차

갱목을 실을 수 있는 차는 대차라고 한다.

4) 광차 구성

광차는 차대와 함으로 구성된다.

(1) 차대

차대는 광차의 맨 밑 부분이다.

(2) 함

차대 위에 함이 올라갈 수도 있고, 좌석이 있는 인차가 올 수 갈 수도 있다. 광차에 탄을 싣는 부분을 함이라고 한다.

(3) 방틀

광차와 광차를 연결하는 고리를 방틀이라고 한다.

① 링타입

방틀의 종류에는 2 종류가 있는데 사갱에서 사용하는 방틀은 링타입의 방틀이다.

② 캬프라15) 방틀

수평 갱도에서 사용하는 방틀은 캬프라 방틀이다.

5) 축전차

인차, 광차를 끄는 차를 축전차, 축전지 기관차라고 한다.

2.2.4. 권양기

밧줄이나 쇠사슬을 감았다 풀었다 함으로써 물건을 위아래로 옮기는 기계를 권양기라고 한다. 사갱에서 사용하는 권양기는 사갱 권양기라고 하고 수갱에서 사용하면 수갱 권양기라고 한다.

2.2.5. 장공기

1) 오거드릴16) · 장공천공기

오거드릴은 나선형으로 회전만 하는 도구이다. 석탄에만 사용하고, 오가는 폭약 넣을 구멍을 뚫는다. 비슷한 기능의 도구로 장공 천공기가 있는데 장공 천공기는 타격식으로 바위나 탄을 두들겨 깨뜨릴 때 사용하는 도구이다.

2) 착암기

착암기는 갱도 내에서 굴진이나 채탄 작업을 할 때 암석 따위에 구멍을 뚫기 위해 사용하는 기계로서 압축 공기로 타격력을 주어 움직이는 기계이다.

---
15) 일본어 발음의 영어외래어.
16) 영어외래어.

3) 콜픽17)

굴진용 기계로서 압축 공기로 타격을 주어 작업을 하는 도구가 콜픽이다. 함마도 탄을 깨주는 도구에 속한다.

4) 로크드릴18)

로크드릴은 회전타격식 천공할 때나 바위에 폭탄 넣을 때 사용한다.

5) 제라틴19)

제라틴은 다이너마이트이다.

[그림 167] 오거드릴

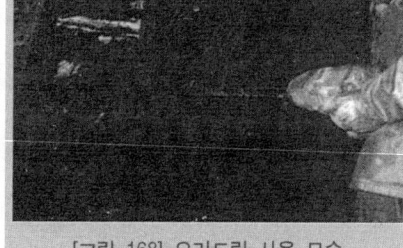
[그림 168] 오거드릴 사용 모습

2.2.6. 기타

1) 체인컨베아 · 벨트컨베아20)

운반물을 순환 벨트 위에 올려놓고 벨트로 이동하는데 이를 체인컨베

---

17) 영어외래어.
18) 영어외래어.
19) 영어외래어.
20) 영어외래어.

아 또는 벨트컨베아라고도 한다.

2) 주나 · 주낙 · 중확

　나무를 운반할 때, 나무를 묶어서 어깨에 멜빵을 하여 지고 간다. 이때 사용하는 줄을 주나, 주낙, 중확이라고 한다.

3) 뽕끼21)

　필요에 따라 갱내에서 선로의 방향을 바꿔 주는 장치를 뽕끼라고도 한다.

4) 홉빠22)

　홉빠는 채탄에서 괭이처럼 앞이 넙적해서 탄을 끌어당겨 모으는 도구이다. 곡괭이처럼 석탄을 캐내는 도구이다.

2.3. 탄광

2.3.1. 종류

1) 갑종탄광

　주로 배기 정도의 기류 중에 가스 함유물이 0.25% 이상, 채탄 작업의 기류 중에 가연성 가스 함유물이 1%이상인 탄광을 갑종탄광라고 한다.

---

21) 일본어의 일종. 어원이 정확하지 않다.
22) 일본어의 일종. 어원이 정확하지 않다.

2) 모광
조광업체의 입장에서 조광업체를 거느린 탄광을 모광이라 한다.

3) 조광
덕대를 법적으로 현실화한 탄광은 조광이다.

4) 민탄
민간 탄광을 민탄이라고 한다.

2.3.2. 구성

1) 수직 갱도 · 수갱
수직 갱도를 줄여서 수갱이라고도 한다. 갱은 갱도의 준말이다.

2) 수평갱 · 수평 갱도 · 본연층
수평으로 된 갱도는 수평갱, 수평 갱도, 본연층이라고 한다. 경사로 이루어진 갱도를 사갱 경사라고 한다.

3) 승갱도 · 노보리[23]
위로 올라가는 갱도를 승갱도라고 하고, 승갱도 올라가다가 가지 치듯

---
23) 일본어, 올라감, 오르는 길.

이 나가는 갱을 에다, 분지, 지선이라고 한다. 승갱도를 노보리라고 한다. 운반이 가능한 갱도이다.

4) 진경사
수직으로 올라가는 갱도를 진경사라고 한다.

5) 크로스24)
크로스는 크로스커트의 준말로 교차하여 굴진하는 수평 갱도이다.

6) 고야 · 미아리25)
기능에 따라 갱내에 있는 휴게소를 고야, 미아리라고 한다.

7) 슈트26)
막장은 탄을 캐는 곳이다. 막장에서 채굴된 석탄을 경사를 이용해 자연스럽게 내려가도록 철판으로 통로를 만드는데 이를 슈트라고 한다.

8) 케빙대피소27)
케빙대피소는 탄이 막 넘어오지 않도록 설치한 막이다.

---
24) 영어외래어.
25) 고야, 오두막집. 미아리는 어원이 정확하지 않다.
26) 어원이 정확하지 않다.
27) 영어외래어, Caving.

9) 정탄홉빠[28]

정탄홉빠는 출하하기 직전의 탄 저장고이다.

10) 닭장사택

이 외에도 간격 없이 쭉 이어서 지어진 사택을 비유적으로 닭장사택이라고 한다. 선탄장에서 캐낸 석탄에서 골라내는 일을 하는 곳이다.

2.4. 채취물

2.4.1. 석탄

1) 종류

(1) 무연탄·유연탄

석탄은 크게 무연탄 유연탄으로 나눌 수 있다. 무연탄은 연기가 안 나고 이용 가능한 탄이다. 유연탄은 무연탄보다 탄화가 덜 되어 탄소의 양은 적으나 휘발 성분이 많아 불이 잘 붙지만 탈 때 연기가 많은 것이 단점이다.

(2) 원탄

캐낸 상태의 석탄을 원탄이라고 한다.

(3) 괴탄

덩어리 석탄은 괴탄이라고 한다.

---

28) 일본어 발음의 영어외래어, hopper.

(4) 정미

정제된 원탄은 정미라고 한다.

(5) 황미

막장에서 캐서 로터리 덤퍼까지 왔을 때 경석까지 모두 합친 석탄을 황미라고 한다.

(6) 분탄

가루로 된 석탄은 분탄이다.

(7) 잔탄

광차에 붙어 있는 탄은 잔탄이라고 한다.

(8) 광미

물 속에 가라 앉아 있는 탄을 광미라고 한다.

(9) 낙탄

낙탄은 운송 차량에서 석탄을 운반할 때, 길바닥에 흘러내린 석탄을 나타낸다.

(10) 똥탄

똥탄은 탄 중에 빛이 나고 결이 없는 탄이다.

(11) 죽탄

물기 먹은 탄을 죽탄이라고 한다.

(12) 찡까탄

찡까탄은 탄이 다져진 것을 나타낸다.

(13) 탄맥

탄맥은 땅 속에 묻혀 있는 석탄의 줄기이다.

[그림 169] 괴탄

[그림 170] 죽탄밀림

2.4.2. 버력·경석·폐석

버력은 광산, 탄광 등에서 갱도 굴진, 채광, 채탄, 선광, 선탄 과정에서 선별되는 무가치한 암석 덩어리, 암석조각 등의 총칭이다. 버력을 폐석, 경석이라고도 한다.

1) 똥돌

탄 사이에 섞어 나오는 한 두 개의 경석을 똥돌이라고 한다.

2) 갈탄

탄화 작용이 불충분한 갈색의 탄을 갈탄이라고 한다.

2.4.2. 이탄

이탄은 탄이 되기 전의 탄으로 이끼류, 갈대, 사초 등의 화본과 소나무,

자작나무들의 유체가 분지에 두껍게 퇴적하여 생물화학적인 변화를 받아 분해 변질된 것이다.

2.4.3. 토탄

토탄은 수생식물, 이끼, 식물류 기타 식물 유체의 퇴적물이 생화학적 변화를 받은 것이다.

2.4.4. 세일

석탄과 암반 사이에 있는 것으로 석탄도 돌도 아닌 까맣고 납작한 돌을 세일이라고 한다.

2.5. 행위

2.5.1. 순수채탄

순전히 탄만 캐는 것은 순수채탄이라고 한다.

2.5.2. 장공채탄

장공을 뚫어 탄을 캐는 것을 장공채탄이라 한다.

2.5.3. 공무채탄

채탄부를 도와서 기계나 전기시설을 해 주는 일을 공무채탄이라고 한다.

2.5.4. 납탄

탄광을 도급 주는 것을 납탄이라고 한다.

2.5.5. 덕대

광주와 계약을 맺고 채광하는 작업을 덕대라고 한다.

2.5.6. 굴진

갱도를 굴착하는 일을 굴진이라고 한다.

2.5.7. 케이빙

석탄을 붕락시켜서 꺼내는 작업을 케이빙이라고 한다.

2.5.8. 탄막이

탄이 막 넘어오지 않도록 막이를 설치하는 것을 탄막이라고 한다.

2.5.9. 배밀이

노보리가 찌그러지고 낮아서 더 이상 갱목을 지고 갈 수 없을 때 배를 바닥에 깔고 갱목을 끌고 가는 일을 배밀이라고 한다.

2.5.10. 쉬마름

동바리의 아귀를 맞추기 위해 동바리의 모서리를 깎는 행위를 쉬마름이라고 한다.

2.5.11. 방우리·방활

감독이 작업지시를 통해 작업 배치하는 것을 방우리, 방활이라고 한다.

2.5.12. 착탄

굴진해 들어가다가 탄을 만난 것을 착탄이라고 한다.

2.5.13. 채준

채준은 석탄을 생산하기 위해 석탄 생산을 준비하는 과정이다.

2.5.14. 채탄

석탄을 캐내는 것을 채탄한다고 한다.

2.5.15. 다대포

다대포는 동바리가 우물 정자 모양으로 만들어져 수직으로 동바리를 세우면서 진행하는 작업이다. 막장 갱도가 수갱으로 작업이 이뤄지는 것을 말한다.

2.5.16. 가라공상

가라공상은 거짓으로 공상을 꾸미는 것을 일컫는다. 가라는 거짓말 이라는 일본어이다.

제**3**부
연구 결과

제6장 마무리

제6장 마무리

1. 심마니어

　심마니어 조사에서 심마니의 종류와 산삼의 종류 등 심마니어가 많이 조사되었다.
　성별에 따른 심마니 종류에는 개장마니, 안장마니가 있고 나이를 기준으로 한 심마니어 종류에는 동자마니·소동마니, 청심마니·초심마니, 염적이마니가 있다. 경험을 기준으로 하는 심마니의 종류에는 구마니·구심마니·선체마니, 어이마니·어인마니, 중어인, 옳은심마니, 천동마니·초대마니가 있다. 입산시기를 기준으로 한 심마니의 종류에는 춘채마니, 일삼메꾼, 만삼메꾼 등이 있고 채삼행위를 기준으로 해서는 신동마니·전업심마니, 부업심마니·부업채삼꾼이 있다. 기능에 의한 심마니의 종류에는 부업일을 하는 심마니인 정재인을 들 수 있다.
　심마니의 신체 부분 명칭은 눈에 해당하는 어휘만 조사되었다. 심마니들은 눈을 반들개·부르치·살피게라고 한다.

산삼의 종류에는 잎의 수에 따라 세닢부치·삼재비·딸팽이·내피·외내피·외닙내피, 네닢부치·사행, 오행, 잎육구로 구분한다. 또한 가지 수에 따라 각구, 삼구, 사구, 오구, 육구, 육구만달로 구분할 수 있다.

정상적이지 않은 산삼을 엇잎이라고 하는데 엇잎에는 두루부치와 비리부치 두 종류가 있다. 두루부치는 정상적인 것에 하나 더 붙는 것이고 비리부치는 정상적인 것에서 모자라는 것이다. 두루부치에는 칠구두루부치가 있고 비리부치는 각구비리부치, 삼구비리부치, 사구비리부치, 오구비리부치, 육구비리부치가 있다.

산삼은 채취 시기에 따라 춘메·고패심, 춘채·황메, 궁중메·대궁메·백메·추채, 서리메, 동삼·동자심로 분류한다. 채취 수량에 따라서도 달리 명칭이 있는데, 이에 해당하는 어휘에는 떼심·마당삼, 퍽삼 포기삼, 줄삼·줄심, 각심, 외삼이 있다. 발견된 장소에 따른 산삼의 명칭에는 밭둑삼을 들 수 있다. 산삼의 모양에 따라서도 거미심, 밤심, 채심으로 나눌 수 있고 산삼의 상태에 따라서도 상삼, 파심, 죽삼, 쑥, 죽절, 따그랭이·씨나리·삼씨알로 나눌 수 있다. 산삼의 연수를 기준으로도 노삼, 엇삼, 소생으로 나눈다.

산삼의 부분 명칭에 해당하는 어휘에는 삼잎, 솔, 열매, 다알·달실이·쫑·마루종·다알송이, 엇달·젓솔배기, 엇쫑, 심대·삼대, 자주대, 청대, 쫑대·솔대·솔쫑이,옥가지·옥대, 활대 등이 있다.

이 외에도 한삼, 도구, 물품, 신호, 자연, 장소, 제례, 분배방식, 상태, 행동, 현상 등에 관련된 어휘들이 조사되었다.

심마니들의 채삼 행위나 어휘가 교통 통신의 발달 등으로 많은 변화를 겪고 있다. 이번 조사에서 강원도 내에서 지역별(영동, 영서권) 심마니어를 비교하지 못한 것이 아쉬움으로 남는다. 또한 교통, 통신의 발달로 채삼문화가 통합되고 변화되어 가는 것으로 보인다. 더 통합되기 전에 지역적인 특색을 조사하고 비교하는 연구가 필요하다.

2. 한지용어

　한지용어는 일꾼의 종류와 재료, 제작 도구, 제작 장소, 제작 과정 등이 조사되었다.
　일꾼에 해당하는 용어에는 뒷일꾼・조역꾼・조역・봉줏꾼, 닥긁는사람, 티꾼, 지장이, 건조꾼 등이 조사되었다. 한지의 재료인 닥의 종류와 닥의 다른 부분명칭이 조사되었다. 닥의 종류에 해당하는 어휘에는 참닥, 부닥, 왜닥, 삼지닥이 있고, 닥의 부분 명칭에는 흑피, 피닥, 백닥, 닥채를 들 수 있다. 재료의 단위에 해당하는 춤, 거둠, 둥치의 단위명들도 조사되었다.
　한지의 제작 도구는 닥 재료 다듬는 도구, 닥 두들기는 도구, 닥 푸는 도구, 종이 뜨는 도구, 물빼는 도구, 건조 도구로 나누어 조사되었다. 특히 종이 뜨는 도구에서 발틀의 부분 명칭들도 자세히 조사되었다.
　한지의 제작 과정은 닥 채취 → 닥무지 → 닥 껍질 벗기기 → 닥 말리기 → 닥 불리기 → 닥껍질 벗기기 → 닥삶기 → 티고르기 → 닥 두들기기 → 원료 풀기 → 종이 뜨기 → 물빼기 → 종이 일구기 → 종이 말리기 → 도침 순으로 이루어진다.
　한지의 종류에 관련된 어휘도 조사되었다. 한지의 재료와 상태에 따른 어휘에는 피지・막피지・막지・막종이・나쁜종이, 떡지가 있고, 용도에 따른 어휘에는 창호지・순지, 속지, 소지・소지종이・불천지, 제면지, 족보지, 장판지 등이 있다.
　한지는 수공업에서 기계화의 과정 중에 있다. 한지가 갖고 있는 전통성으로 인해 국산 닥을 고집하는 소수의 장인들이 있기는 하지만 대부분의 경우는 재료, 제작방법에 있어서 경제적인 형태를 부분적으로 선택하였다.
　그러나 요즘 우리 것을 소중히 여기고 새롭게 재해석해서 우리 것을 소중하게 여기는 문화 속에서 한지의 기술은 새롭게 조명되고 있다. 한지용어도 한지의 기술과 함께 귀중한 문화유산이다. 사라져 가는 삶의 원형을 재구해 내는 어휘 조사로 그 중요성을 간과해서는 안될 것이다.

3. 광부용어

광부용어에는 광부의 종류와 채탄 도구와 탄광의 종류와 채취물, 채탄 행위 용어 등이 조사되었다.

광부의 종류는 갱내부, 갱외부, 수갱부, 직접부, 간접부, 선산부, 후산부, 양성공, 오야, 임시부, 굴진부, 채탄부 등 많은 어휘들이 조사되었다. 광부의 용어는 작업의 용어가 대치되어 사용되는 경우가 많았다.

탄광 도구에는 압력기, 동바리, 광차, 장공기, 권양기 등이 조사되었다. 특히 동바리는 그 종류와 부분명칭이 자세히 조사되었다.

탄광의 종류에 해당하는 용어에는 갑종탄광, 모광, 조광, 민탄 등이 조사되었고 탄광의 구성에 해당하는 용어에는 수직갱도, 수평갱, 승갱도, 진경사, 고야 등이 조사되었다.

채취물은 석탄과 비석탄으로 나눌 수 있는데, 석탄의 종류에는 무연탄, 원탄, 괴탄, 정미, 황미, 분탄, 잔탄 등이 조사되었고, 버력·경석·폐석이라고 불리는 비석탄의 명칭도 조사되었다.

채탄 행위는 순수채탄, 장공채탄, 공무채탄, 납탄, 덕대, 굴진, 탄막이, 배밀이, 쉬마름, 방우리, 착탄, 채준 등의 다양한 어휘가 조사되었다.

광부용어는 일본어와 일본어 발음의 영어외래어, 영어들의 영향을 받아서 민족생활어의 범위 안에 들어올 수 있는가의 여부에 논란의 여지가 있다. 그러나 전국에 광산은 8~9개 있는데 그 중 5개가 강원도 태백, 정선 등에 있다. 이 탄광들은 10년 사이에 폐광될 가능성이 높다. 폐광이 되게 되면 빠른 속도로 광산촌은 다른 마을로 변화할 것이다. 또한 사라져 가는 탄광촌과 함께 탄광촌에서 살아 숨쉬던 어휘들도 묻혀버릴 것이다. 객관적으로 사실에 입각한 어휘조사는 아픈 과거라 할지라도 우리 민족의 한 시대를 반영해 주는 것으로, 10년 이내에 광산관련 어휘는 좀더 자세하게 조사되어야 할 필요성이 있다.

[참고문헌]

-심마니어

김이협, 「심메꾼(심마니) 隱語集」, 『방언 3』, 한국정신문화연구원, 154~163면.
배도식, 「심메마니의 生活俗」, 『민속문화』 제2집, 동아대, 1980.
_____, 「심메마니 은어의 조어 구조」, 『어문학교육』 vol.4, 한국어문교육학회, 1981. 257~272면.
신교균, 「산삼채취인의 은어연구」, 『국어국문학논문집』 제9집, 서울사대 국어국문학연구회, 1980, 1~71면.
연호탁, 「심메마니 隱語의 연구-오대산 지역을 중심으로」, 『관대논문집』 vol.20 No.1, 관동대, 1992, 79~93면.
_____, 「심메마니 은어의 연구(Ⅱ)-오대산 지역과 설악산 지역 은어 자료의 비교를 중심으로」, 『관동대논문집』 vol.21 No.1, 관동대, 1993. 55~76면.
이길록, 「채삼인의 은어와 풍습」, 『강원어문』 제3집, 1975, 14~25면.
이숭녕, 「은어고-설악산 산삼채취인의 은어를 중심으로 하여」, 『일석 이희승선생송수기념논총』, 1957.
_____, 「지리산지구 산삼채취인 은어의 실패」, 『가람 이병기박사송수논문집』, 1965, 357~364면.
_____, 「소멸단계에 들어선 설악산 심메마니 은어에 대하여」, 『방언』 4, 정신문화연구원, 1980.
이신팔, 「심메말(채삼어)」, 『한글』 5권 10호, 1937.
이태진, 『국어사회언어학연구』, 삼영사, 1988, 155~194면.
최범훈, 「심마니은어 연구」, 『한국문학연구』 6·7합, 동국대 한국문학연구소, 1984.
최진원, 「채삼용어」 『한글』 6권 제7호, 1938, 45면.

-한지장어

김상기, 「한지장」, 민속원, 2006.
김순철, 『종이의 이야기』, 월간포장산업, 1992.
김영현, 『한지의 발자취』, 원주시, 2005.

김재희, 『한지제지에 관한 고찰』, 『연세어문학』 제16집, 1975.
심화숙, 『전통 한지공예』, 우리출판사, 2005.
이승철, 『우리가 정말 알아야 할 우리 한지』, 현암사, 2002.
이애자, 「수제종이에 관한 연구」, 효성여대 대학원, 1988.
임영주·상기호, 『종이공예문화』, 대원사, 2002.
전철, 『한지-역사와 제조』, 원광대학교출판국, 2003.

-광부어

배재홍 외 10명, 『강원도 삼척시 도계읍 탄광촌 사람들의 삶과 문화』, 삼척시립박물관, 2005.
사북청년회의소, 『탄광촌의 삶과 애환』, 선인, 2001.
홍춘봉, 『탄광촌 공화국』, 노동일보, 2002.

찾아보기

ㄱ

가라공상 ·················202
가락지 ····················69
가름날 ···················76
각구 ······················57
각구비리부치 ··········57, 59
각구쌍대 ·················60
각메 ·····················105
각심 ······················62
간접부 ···················180
갈대발 ···················143
갈탄 ·····················198
감사 ······················82
감장 ·····················110
감재비 ····················78
갑종탄광 ················193
개장마니 ··················52
갱내부 ···················179

갱외부 ···················179
거늠대 ···················139
거둠 ·····················130
거리다 ···················115
거릿대 ····················92
거미심 ····················63
건건이 ····················81
건들레 ···················116
건들로 오다 ·············106
건조꾼 ···················127
건조대 ···················147
건조비 ···················147
겹지 ·····················161
경석 ·····················198
고목하다 ··················86
고배하다 ·················104
고분성 ····················97
고사문서 ·················101
고야 ·····················195

고양마니 ·······98	글띠기 ·······77
고패심 ·······61	기계지 ·······160
곤 ·······161	깔관 ·······145
곧은물 ·······153	깨다 ·······107
곧은물지르다 ·······153	꺼매기 ·······88, 89
골랭이 ·······96	꺾쇠 ·······187
곰놓다 ·······108	껍빽공상 ·······184
곰소 ·······82	꼬누다 ·······108
공무채탄 ·······200	
공미 ·······103	
공상 ·······184	**ㄴ**
공차 ·······189	
공행하다 ·······110	나쁜종이 ·······158
광미 ·······197	낙탄 ·······197
광차 ·······189	날 ·······75
괴탄 ·······196	날리다 ·······186
굄목 ·······139	날망 ·······97
구광자리 ·······93	납탄 ·······200
구당 ·······99	내재다 ·······109
구마니 ·······53	내피 ·······56
구실르다 ·······115	너플개 ·······80, 88
구심마니 ·······53	넘추리 ·······87
굳다 ·······115	넙대 ·······89
굴진 ·······200	넙추리 ·······80
굴진부 ·······181	네넙부치 ·······56
궁굴통 ·······146	노구메 ·······103
궁중메 ·······61	노구메불 ·······118
권양공 ·······182	노래기 ·······116
권양기 ·······191	노래기 빠지다 ·······116
궤도공 ·······182	노보리 ·······194
귀부리 ·······70	노삼 ·······64
그데 ·······79	논달치다 ·······106
	뇌 ·······68

뇌두 …………………………………68
뇌두가리 ………………………………68
누래기 …………………………………88
눈깽기 …………………………………92
눈치다 ………………………………108
능날망 …………………………………97
능에모둠 ………………………………90

ㄷ

다대포 ………………………………202
다무리다 ……………………………115
다알 ……………………………………66
다알불 ………………………………117
다알송이 ………………………………66
닥 ……………………………………129
닥가마 ………………………………133
닥갈쿠리 ……………………………135
닥긁는사람 …………………………127
닥돌 …………………………………135
닥디딜방아 …………………………136
닥무지 ………………………………150
닥방망이 ……………………………135
닥보자기 ……………………………135
닥솥 …………………………………133
닥지 …………………………………157
닥채 …………………………………130
닥칼 …………………………………134
닥판 …………………………………134
닥풀 …………………………………132
단몽 …………………………………116
달실이 …………………………………66

닭장사택 ……………………………196
당황 ……………………………………84
당황당 …………………………………99
대궁메 …………………………………61
대산 ……………………………………94
대차 …………………………………190
댕기 ……………………………77, 113
더그레 …………………………………83
더불유 ………………………………115
더제비 …………………………………83
덕대 …………………………………200
덤팽이 ………………………………116
덥장 ……………………………………83
도국 ……………………………………95
도롱이 …………………………………87
도술 ……………………………………97
도시레미 ……………………………102
도시미 ………………………………102
도자 ……………………………………79
도치 ……………………………………88
도치말 ………………………………103
도침 …………………………………156
독메 …………………………………105
돈내기 ………………………………157
돌찌래미 ………………………………89
동메 …………………………………106
동바리 ………………………………185
동삼 ……………………………………61
동자마니 ………………………………53
동자심 …………………………………61
되뽀미 …………………………………60
두 ………………………………………68

두데기 ·················83
두둑시라 ·················94
두루부치 ·················58
두장뜨기 ·················155
둥치 ·················130
뒤 ·················138
뒷일꾼 ·················126
드래재다 ·················109
들미 ·················84, 87
등네미 ·················109
디디미 ·················83
따그랭이 ·················64
딸거랭이 ·················85
딸불 ·················117
딸쨍이 ·················56
땅목적 ·················187
땔자래 ·················84
떡지 ·················158
뗘심 ·················62
뗘심밭 ·················94
똑떨어지다 ·················72
똥돌 ·················198
똥탄 ·················197
뜰대 ·················135
띠적나다 ·················71

ㄹ

로크드릴 ·················192
루피되쁘미 ·················61

ㅁ

마니 ·················52
마당꿩 ·················88
마당너구리 ·················88
마당삼 ·················62
마대 ·················73
마대곰 ·················86
마대울림 ·················86
마루종 ·················66
마릿대 ·················92
막신할머니 ·················99
막장 ·················179
막종이 ·················158
낙지 ·················158
막피지 ·················158
만삼메꾼 ·················54
망태고리 ·················76
망태날 ·················76
망태날줄 ·················76
망태이슴고리 ·················77
망태줄 ·················76
매찰이 ·················117
멍덩이 ·················90
멍챙이 ·················90
메 ·················69
메끼 ·················113
메나무틀 ·················75
메시 ·················185
메추리표 ·················86
모광 ·················194
모롱가지 ·················97

모새미 …………………………… 81	발날 …………………………… 144
모시다 ………………………… 104	발선 …………………………… 144
목광차 ………………………… 189	발초 …………………………… 144
목나무 ………………………… 139	발초자리 ……………………… 158
목네미 ………………………… 109	발틀 …………………………… 140
목동바리 ……………………… 185	발틀고리 ……………………… 141
목적 …………………………… 187	발틀달대 ……………………… 141
몰미 ……………………………… 70	밤심 ……………………………… 63
몽 ……………………………… 115	방생 ……………………………… 89
몽받다 ………………………… 116	방우리 ………………………… 201
몽사 …………………………… 115	방틀 …………………………… 190
무록 …………………………… 117	방활 …………………………… 201
무루미 ………………………… 103	밭둑삼 …………………………… 62
무릎꿇다 ……………………… 107	배밀이 ………………………… 201
무연탄 ………………………… 196	배접지 ………………………… 161
물내치기 ………………………… 96	배판 …………………………… 138
물미 ……………………………… 70	백닥 …………………………… 130
물집 …………………………… 142	백메 ……………………………… 61
미 ………………………………… 70	백사 ……………………………… 82
미아리 ………………………… 195	백피 …………………………… 130
민족생활어 ………………… 15, 17	백호지 ………………………… 160
민탄 …………………………… 194	백호지발 ……………………… 143
밑절미 …………………………… 85	버력 …………………………… 198
밑창 ……………………………… 96	베개깃 ………………………… 145
	벨트컨베아 …………………… 192
ㅂ	벽권 …………………………… 188
	변죽대 ………………………… 145
바람들다 ……………………… 158	보갱부 ………………………… 181
바위옷 ………………………… 112	보조공 ………………………… 180
반들개 …………………………… 55	본연층 ………………………… 194
반목적 ………………………… 187	봉 ……………………………… 103
반지미 …………………………… 79	봉줏꾼 ………………………… 126

부닥	129
부르치	55
부리다	115
부리시리	110
부벽꾼	127
부벽하다	156
부업심마니	55
부업채삼꾼	55
부종	97
분탄	197
불천지	158
붙이다	155
비녀	102
비녀꼭지	69
비녀질	113
비리부치	59
비벽쟁이	127
비비다	108
빈절	104
빛이 떨어지다	117
뽕끼	193

ㅅ

사각지	160
사갱인차	190
사고지	159
사구	57
사구마대	74
사구비리부치	59
사구쌍대	60
사두혈	97

사산	94
사쌍대	60
사행	56
산개	88
산신경	101
산신당	99
산재까치	80
산중제사	98
살미기다	153
살올리다	153
살피게	55
삼구	57
삼구마대	74
삼구비리부치	59
삼구쌍대	60
삼대	66
삼문	67
삼샘모두부치	96
삼샘물내치	96
삼쌍대	60
삼씨알	64
삼이 돌다	71
삼잎	65
삼재비	56
삼지닥	130
삼찌알이	114
삼합장판	159
삼합지	161
상삼	63
상탕	95
새옹	80
새옹미	81

새옹밥	81	수직 갱도	194
생자리	93	수평 갱도	194
서리메	61	수평갱	194
선관원	183	수평인차	190
선날	76	순수채탄	199
선산부	180	순지	158
선체마니	53	숨	81
선탄부	183	숨가	96
설피	83	숨탕	81
세근미	70	숨탕까	96
세닙부치	56	쉬마름	201
세미	70	쉬부	187
세분	132	쉬턱	186
소동마니	53	승갱도	194
소망보다	108	승구유탄	182
소생	64	신당	99
소지	158	신동마니	55
소지종이	158	신막	100
속지	158	신장마니	98
손님	88	실광차	189
손산	94	실른다	115
손종이	160	심대	66
손지	160	심마니	52
솔	65	심메마니	52
솔대	67	심몽	115
솔쫑이	67	심알치다	115
송탄	182	심자리	93
수갱	194	심팽이	84
수갱부	179	쌍발	143
수배	99	쌍발틀	141
수배제	98	쏠장질	188
수선부	183	씨나리	64

ㅇ

아람채	78
아롱가지	97
아시	186
아시다	108
아탄	198
안개오줌	117
안방마니	52
안창	96
안침	110
앉다	107
압기	184
압력기	184
앞	138
앞물	153
앞물걸다	153
앞물주다	153
애기집짓다	186
애아리	89
약통	69
양성공	180
어릿광주	104
어이마니	53
어인마니제	98
어정	110
엇가지	67
엇달	66
엇삼	64
엇잎	58
엇쫑	66
연초	84
염적이마니	53
옆물	153
옆물주다	153
옆물치다	153
예단대	102
예단띠	102
예단지	102
오구	58
오구마대	74
오구비리부치	59
오구쌍대	60
오디	68
오디가리	68
오반	82
오합장판	159
오행	56
옥가지	67
옥대	67
옥류수	96
옥주	69
온목적	187
올림대	80
올림지	101
옳은심마니	54
왜닥	129
왜발	143
왜발초	144
왱이	117
외내피	56
외발틀	140
외삼	62
우동불	117

우렝이 …… 80
웅어지 …… 88
웅어지말 …… 103
원료 …… 130
원탄 …… 196
유연탄 …… 196
유탄 …… 182
육구 …… 58
육구마대 …… 74
육구만달 …… 58
육구비리부치 …… 59
육구쌍대 …… 60
은행저울 …… 78
음양지 …… 161
이합지 …… 161
인차 …… 189
인형쉬 …… 187
일구다 …… 109
일굼대 …… 145
일삼메꾼 …… 54
임시부 …… 181
입산 문서 …… 101
잎육구 …… 56

ㅈ

자다 …… 107
자래나무 …… 84
자랫대 …… 84
자랫불 …… 117
자산 …… 95
자새 …… 75

자새틀 …… 75
자주대 …… 66
자충 …… 89
잔존 …… 114
잔탄 …… 197
잘되다 …… 72, 106
잘메 …… 78
잠금쇠 …… 142
장공기 …… 191
장공조 …… 181
장공채탄 …… 199
장공천공기 …… 191
장뜨기 …… 157
장몽 …… 116
장미 …… 70
장지 …… 160
장판지 …… 159
잦기 …… 147
잦기틀 …… 147
재다 …… 109
전산 …… 109
전업심마니 …… 55
전통발 …… 143
절장 …… 186
젓솔배기 …… 66
정미 …… 197
정재인 …… 55
정탄홉빠 …… 196
정화수 …… 96
제라틴 …… 192
제면지 …… 159
조광 …… 194

조산	95
조역	126
조역꾼	126
족보지	159
존신	98
종이 붙이기	155
종이감	130
종이판	145
주근	69
주나	193
주낙	193
주루먹	74
주루먹줄	77
죽대	80
죽복	80
죽삼	63
죽절	59
죽절뇌두	68
죽탄	197
줄거리	83
줄띄우다	155
줄멩이	117
줄삼	62
중어인	54
중탕	95
중학	193
지근	70
지대	84
지댓짐	77
지르다	156
지소	149
지실	82

지장이	127
지줏대	92
지통	138
지퍼서	107
직접부	179
진경사	195
진대	84
진주걸창	70
진초	92
진풀	92
진풀모둠	91
질	82
짐승	88
짐싣다	155
짐짜다	155
쫑	66
쫑대	67
쪽	63
쪽다리	70
찌개모둠	91
찌그리다	110
찌기	90
찍메	78
찡까탄	197

ㅊ

차대	190
착암기	191
착탄	201
참뇌두	68
참닥	129

창호지 ·············· 158	충진 ·············· 188
창호지발 ·············· 143	치산되뽀미 ·············· 61
채심 ·············· 63	칠구두루부치 ·············· 58
채준 ·············· 201	
채준조 ·············· 182	

ㅋ

채탄 ·············· 202	
채탄부 ·············· 181	캬프라 방틀 ·············· 191
천동마니 ·············· 54	케이빙 ·············· 200
천사 ·············· 52	케이빙 보조 ·············· 181
천장권 ·············· 188	케이빙조 ·············· 181
철광차 ·············· 189	콜픽 ·············· 192
철동바리 ·············· 185	쿨쿨이 ·············· 88
철판쟁이라고도 ·············· 127	

ㅌ

청대 ·············· 67	
청동바리 ·············· 185	
청심마니 ·············· 53	타주 ·············· 186
체 ·············· 69	탄막이 ·············· 200
체인컨베아 ·············· 192	탄차 ·············· 189
초대마니 ·············· 54	탈피하다 ·············· 75
초발 ·············· 143	태기 ·············· 74
초산이 ·············· 87	태기치다 ·············· 75
초심마니 ·············· 53	턱수 ·············· 69
촉 ·············· 100	턱을따다 ·············· 186
추제비 ·············· 83	토탄 ·············· 199
추채 ·············· 61	통깐 ·············· 149
축사 문서 ·············· 101	통꾼 ·············· 127
축전차 ·············· 191	통물 ·············· 133
춘메 ·············· 61	통치다 ·············· 113
춘채 ·············· 61	통피하다 ·············· 75
춘채마니 ·············· 54	튕김줄 ·············· 142
춤 ·············· 130	트라치 ·············· 188
충전공 ·············· 183	티깐 ·············· 149

찾아보기

티꾼 …………………………127
티칼 …………………………135

ㅍ

파심 …………………………63
판때기 ………………………145
팽이 깎다 ……………………187
퍼대기 ………………………112
퍽삼 포기삼 …………………62
펌 ……………………………82
평모둠 ………………………91
평지모둠 ……………………91
폐석 …………………………198
풀대 …………………………137
풀작대기 ……………………137
풋막 …………………………91
풍관 …………………………184
풍문 …………………………184
피닥 …………………………130
피올 …………………………75
핏날 …………………………75

ㅎ

하리 …………………………186
하탕 …………………………95
한삼 …………………………72
한지 …………………………157
한짓집 ………………………149
함 ……………………………190
합지 …………………………161

해리통 ………………………137
햄세 …………………………81
헤기 …………………………117
홀치기 ………………………74
홉빠 …………………………193
홑지 …………………………161
화심 …………………………84
확 ……………………………93
확구덩이 ……………………93
확자리 ………………………93
확자리표 ……………………86
활대 …………………………67
황덕불 ………………………117
황메 …………………………61
황미 …………………………197
황촉규 ………………………132
후산부 ………………………180
후토 …………………………99
흑저구 ………………………89
흑저구고목하다 ……………86
흑피 …………………………130
흘림대 ………………………92
흘림모둠 ……………………91